CW00696948

1,000,000 Books

are available to read at

---◆---

www.ForgottenBooks.com

---◆---

Read online
Download PDF
Purchase in print

ISBN 978-0-483-79243-2

PIBN 10414704

This book is a reproduction of an important historical work. Forgotten Books uses
state-of-the-art technology to digitally reconstruct the work, preserving the original format
whilst repairing imperfections present in the aged copy. In rare cases, an imperfection in
the original, such as a blemish or missing page, may be replicated in our edition. We do,
however, repair the vast majority of imperfections successfully; any imperfections that
remain are intentionally left to preserve the state of such historical works.

Forgotten Books is a registered trademark of FB &c Ltd.

Copyright © 2018 FB &c Ltd.

FB &c Ltd, Dalton House, 60 Windsor Avenue, London, SW19 2RR.

Company number 08720141. Registered in England and Wales.

For support please visit www.forgottenbooks.com

1 MONTH OF
FREE
READING

at

www.ForgottenBooks.com

By purchasing this book you are eligible for one month membership to ForgottenBooks.com, giving you unlimited access to our entire collection of over 1,000,000 titles via our web site and mobile apps.

To claim your free month visit:

www.forgottenbooks.com/free414704

* Offer is valid for 45 days from date of purchase. Terms and conditions apply.

English
Français
Deutsche
Italiano
Español
Português

www.forgottenbooks.com

Mythology Photography **Fiction**
Fishing Christianity **Art** Cooking
Essays Buddhism Freemasonry
Medicine **Biology** Music **Ancient
Egypt** Evolution Carpentry Physics
Dance Geology **Mathematics** Fitness
Shakespeare **Folklore** Yoga Marketing
Confidence Immortality Biographies
Poetry **Psychology** Witchcraft
Electronics Chemistry History **Law**
Accounting **Philosophy** Anthropology
Alchemy Drama Quantum Mechanics
Atheism Sexual Health **Ancient History**
Entrepreneurship Languages Sport
Paleontology Needlework Islam
Metaphysics Investment Archaeology
Parenting Statistics Criminology
Motivational

Ramon A. Urbano

VIDA CÓMICA

PROSA Y VERSO FESTIVOS

CON UNA CARTA—PRÓLOGO

POR

Francisco Flores Garcia

MADRID
LIBRERIA DE FERNANDO FÉ.
Carrera de S. Jerónimo 2
1894.

HARVARD COLLEGE
AUG· 2 1920
LIBRARY

Span 5981.3.40

Queda hecho el depósito
que previene la ley

Imprenta de Antonio Urbano Carrere.— Casapalma I.— Málaga

Carta-prólogo

Señor don Ramon Urbano

Mi muy estimado amigo:
tiene usté el diablo en el cuerpo,
como tres y dos son cinco,
y por tenerlo me pone
en un grave compromiso.
Pedir un prólogo á un hombre
que *aún* no ha llegado á ministro
ni á Académico, ni tiene
el honor de ser *eximio*
es diablura, en estos tiempos
en que impera el adjetivo,—
artículo indispensable
que se sirve á domicilio.

Desde la Era Cristiana
hasta la Era del Mico,
ha sido cosa corriente,
aquí y en Vitigudino,
en el fáusto de la Córte
y en la humildad del cortijo,
el que no apadrine á nadie
quien necesita padrinos,—
y yo estoy en este caso,
aunque me esté mal decirlo.—
Usted quiere darse con
la badila en los nudillos,
atiende más que al negocio
á la amistad y al cariño
y quiere que yo le escriba
un Prólogo...—Pues lo escribo.
Como de usted es la culpa,
usted sufrirá el castigo. ..

Segun mi leal saber
y entender (y como *crítico*
que sabe donde le aprieta
el zapato) me permito

lanzar estas opiniones:
VIDA CÓMICA es un libro
que en el título y el texto
y en su alcance y en su estilo,
responde (como le llamen
bien) al medio en que fué escrito.
La vida es triste, la lucha
por la vida, en éste siglo,
es lucha tenaz y récia,
que deja atrás las del *circo
Romano*, por lo *empeñada*,
y lo negro del conflicto
que plantea á todas horas,
el rudo desequilibrio
entre el *debe* y el *haber*,
el *activo* y el *pasivo;*
empero por los actores
y por el *naturalismo*
de los recursos *escénicos*,
lo que fué drama terrífico,
ha venido á ser sainete
y sainete divertido;—
por que hoy las cosas más sérias
tienen su lado festivo.
Como el estilo es el hombre,

se *notan* en los escritos
que forman este volúmen,
ingenio sutil y fino,
gracia culta, intencion sana,
encantador humorismo
y, como notas salientes,
discrecion y buen sentido.
El arte es forma, ante todo.
Partiendo de *este* principio,
sentaré que VIDA CÓMICA
llena bien su fin artístico.
Los versos aquí trazados
son fáciles y fluidos,
y la prosa es correctísima...
y todo está muy bien dicho.
Que el autor tiene talento
y cultura, yo lo afirmo
y él se encarga de probarlo
en este y en otros libros.

Señor Don Ramon Urbano.
Mi muy apreciable amigo
y estimado compañero:

ya queda usted complacido...
Si es cierto que hay otra vida
y en ella premio y castigo,
que Dios no me tome en cuenta
este y otros pecadillos;
aunque debiera, en rigor,
tener más temor al juicio
del Público, mas *él* tiene
la culpa de mi extravio,
pues sin razon que le abone
ha sido siempre conmigo
benévolo é indulgente,
cariñoso y expresivo...
Al Público, que es mi dueño
y á quien como esclavo sirvo,
pídole de todas veras
perdon, y además le pido
que agote muy pronto várias
ediciones de este libro.

FRANCISCO FLORES GARCÍA.

Madrid—1894.

A MIS LECTORES.

Héme aquí: mi cara lácia
me delata en este caso:
para cara de payaso
revela muy poca gracia.

Asi pues..., (voy á decirlo
por que lo debo decir:)
me propongo hacer reir
y temo no conseguirlo.

Mas opino, que el lector
de estos trabajos perversos
no se reirá con mis versos,
mas se reirá... del autor.

Al procurar que se ria,
me ha parecido prudente

empezar por lo siguiente,
que forma mi biografía:

Nací en Málaga, país
en donde abunda el salero
y la *vis cómica*, pero...
á mí me falta esa *vis*.

A bautizar me llevaron
en una noche tranquila:
me acercaron á la pila,
y mis parientes notaron

que al darme la sal, sentí
que me sentaba muy mal:
¡vamos, hombre, que la sal
no ha *nacido* para mí!

Crecí, pero poco á poco,
y aunque me cuidaron mucho,
siempre me hallaba flacucho
y con la altura de un coco.

Me dediqué á la poesia
y no conseguí mal pago;

¡y eso que si mal las hago
mucho mas mal las hacia!

Asistí á juegos florales
y tengo versos premiados
por diferentes jurados,
de diversas capitales.

Y á más de honores, logré
en positivista afan,
medallas de oro... aleman
y cítaras de *doublé*.

Escribí varias comedias
y no sé si fuí más bolo
en las que compuse solo,
ó en las que compuse á medias.

Las solas son las peores;
las en colaboracion
tienen bondades.., que son
de mis colaboradores.

He hecho versos *funerarios*,
y viví entre periodistas,

ya dirijiendo revistas,
ya redactando diarios.

Demócrata es mi opinion,
lo declaro y no me pesa.
¡Si hasta he comido en la mesa
del insigne Salmeron!

Hé hecho libros á granel
y (las daré de modesto)
en todos fué malo el texto
y superior.... el papel.

Aunque hay luz en mi memoria
otro recuerdo nó brilla,
pues mi historia es tan sencilla
que casi no tengo historia.

Mi ineptitud me anonada,
no tengo fé en mi destino;
asi pues, si erré el camino,
y llego á edad avanzada

sin lograr dulce consuelo
en mi impulso de poeta,
me cortaré *la coleta*....
¡digo, si me queda pelo!

MARINA

Juan Carnero, marinero
que manda un barco velero,
se dedicó á la Marina,
una muchacha divina
que vive en Navalcarnero.

Como Carnero es de allí,
supo que con frenesí
ella le quiso aceptar,
por que él entiende, eso sí,
la aguja de marear.

Sin ramilletes ni esquelas,
sin osos ni centinelas
él la abordó decidido,
y como era *buen partido*,
(¡y eso que estaba á dos velas!)

3

ella le aceptó muy fina,
aunque le dió una azotina
la mamá, que estaba en contra;
mas Juan exclamó:-¡Recontra,
no toque usté á la Marina!...

Pasados tales rigores
la novia hizo sus primores
y Juan encargó su ropa;
total, que iba viento en popa
la nave de los amores.

Y Juan, aquel marinero
que nació en Navalcarnero,
llevó al altar á la bella
y se desposó con ella
un martes, trece de Enero.

¡Ay! lo que pasó despues
aumentará el interés
de esta historia peregrina
·—¿Qué sucedió?.... Que Marina
se fugó con otro, al mes.

Aquí hubiera terminado
la historia de lo pasado,

que nada demuestra en suma,
y menos cuando es mi pluma
la que anda en este guisado.

Mas me inspira caso tal
una idea original;
y es, que Juan, el marinero
que nació en Navalcarnero,
es un *Carnero-naval.*

Astronomía barata.

Sebastian es un pollito
que adora la astronomia
y por eso en cierto dia
fué á *observar* á Rosarito.

La miró desde la calle
y, prendado de su cara
y de la hermosura rara
de su cuerpo y de su talle,

poniendo la frente erguida
y levantando el acento,
asi dijo á su tormento
el astrónomo enseguida.

—Es usted, Rosario hermosa,
un *sol* que brilla luciente;

míreme usted sonriente
rompiendo la *nebulosa*.

Es usted lo más divino
que en la *eclíptica* se vé;
yo el *satélite* seré
de un *astro* tan peregrino.

Si su sonrisa ideal
por un instante me oculta,
para mí el caso resulta
como un *eclipse total*.

Présteme usted su calor
y haga mi dicha completa,
mire que soy un *planeta*
que vive sin luz de amor.

. . . .

En medio de estas querellas,
el padre (1) que es capitan,
salió, cogió á Sebastian....
¡y le hizo ver las *estrellas!*

(1)   De la novia ¿eh?

CARTA DE UN POLÍGLOTA

Mi queridísimo tio:
pretendo hacerte saber
que no hay quien pueda tener
un talento como el mio

En las lenguas que he cursado
y en las que al acaso oí,
lo suficiente aprendí
para hablarlas de contado.

Y pues con puntos y comas
sé escribir en lenguas tales,
usaré las principales
despreciando otros idiomas.

Je commenceré en française
et te diré en cet moment,

que je me trouve charmant
et tres superieure, aprés.

En italiano me explico
cual se me antoja, *á piacere*:
"Serai felice di habere
tuo ricordo, caro amico."

¡Pues y el latin!... ¡Ya lo creo!..,
¡Si cuando á estudiar me puse
ya hablaba yo el musa musæ
y el gloria in excelsis Deo!...

¡Pues y el caló!... Si er chorré
le dá mulé á la gachí,
se lo berrean ar buchí
y vas pa l' estaribé.

El inglés... no lo hablo mal,
pero estoy harto de inglés
y á todo contesto yes
y si nó the funeral.

Por último, amado tito,
de tus bondades espero

me mandes pronto dinero....
lo único que necesito.

. . . .

Cuando esta carta especial
el tito amable leyó
diz que todo lo entendió...,
todo, ¡menos el final!

A un tal Genaro Garcia
sus iniciales, un dia,
curioso le pregunté
y me respondió: G G.
¡Y pensé que se reía!...

4

Las de Belica

Eran dos hermanas, delgaditas, blancas como la nieve y sonrosadas como la corteza del prisco.

Mariana y Rosa, hijas de D. Segundo Belica (empleado con retribucion exigua y poquísimas gratificaciones) eran, sinó hermosas, regularmente dotadas por la natura; de modo que si hubiesen sabido realzar las prendas físicas con ausencia de afeites y sencillez en los modales, á buen seguro hubieran encontrado un partido que las arrancara del insoportable estado de soltería en que se hallaban, bien á su pesar.

Pero tenian las malditas de cocer—perdónenme el arranque—un rasgo de costumbre, una idiosincracia, que las hacía excecrables para los hombres observadores. Rosa y Marianita ansiaban rayar á la misma altura que

todas las señoritas de la capital, pretendian ri-
valizar con ellas en variacion de trages y gusto en el vestir; en suma, eran dos *cursis* rema-
tadas y tenian un sello que, desde luego, daba
á conocer enteramente su condicion estram-
bótica.

¡Cuánto mortificaban á aquel bueno D. Segundo para que les vaciase el bolsillo en la falda! Todas las aspiraciones se reducían á la
compra de trapos y más trapos, cuya aficion
desmedida se desarrollaba en las dos hermanas con idéntica fuerza.

D. Segundo, por otra parte, sufria cada tra-
go... ¡que allá Dios se los tome en cuenta, como indudablemente se los habrá tomado á D.ª
Librada, madre de las niñas, que pasó tambien
lo que no es decible con la inclinacion de sus
herederas.

Mariana y Rosita tenian amistad con una
viuda que padecía de los mismos achaques
que las de Belica. Y, claro es, hicieron bu150í-
sima liga; ¡como que no podian vivir sin verse
y sin salir juntas, para *cursilear* (dispénseme
el lector la aplicacion del verbo) al mismo
tiempo y con las mismas modas.

Paseaban con efecto, y en cuanto se aper-
cibian de que las de Cortadillo llevaban este
trage nuevo, ya estaban fraguandolo en su
magin. Ibanse luego á casa, exhumaban una
falda sucia, la descosian, la lavaban, le daban
un plancheíto y, enseguida, cortaban los mol-
des sobre papel de periódico. Discutian la figura de la espalda, el corte del costadillo, la forma de las mangas; colocaban el molde sobre
la tela y, tris tris, dale que le das, dejaban hil-
vanada la prenda. La probaban, la corregian,
la pespunteaban, con la maquinilla de cadeneta,
le adherían su escarolado, su encaje, sus boto-
nes ¡ea! ya estaba. Al dia siguiente salían las
dos hermanas y su amiga luciendo los trages
de rigor.

Cambiaba la forma de los sombreros ¡No
habia que apurarse! Cinta barata, las mismas
plumas, alambre torcido...; en un instante que-
daba combinado el sombrero.

¿A ver? ¿Llevaban las señoritas ricas un pe-
to de *moiré*, á manera de babero de infante,
con colganderos de encaje crudo?... Venga un
pedazo de lustrina ¿de lustrina? si señor, de noche todos los lobos son pardos. Tijeras, hilo,

aguja...; al cuarto de hora corbatin hecho; á los diez minutos á lucirlo por la calle.

Y á todo esto, muy empolvado el rostro, aunque un tanto sucias las callejuelas de las orejas.

¡Alhajas!... Ay, eso era más difícil: con los trapos puede hacerse mangas y capirotes, pero con los metales falsos no se puede forjar pedrerías. Todo el mundo—segun la expresión de las niñas de Belica—llevaba brillantes en las orejas... Sufrian esa pena, ese sentimiento que les corroía el corazon y que las tenia sin ganas de comer arroz con leche.

—Niñas—dijo una vez la viuda—me he enterado de que en *El Cisne dormido* hay pendientes con brillantes falsos, que son una maravilla.

Cayó la noticia como una bomba, en casa de las de Belica; salieron, entraron, fueron, vinieron ¡hasta que compraron brillantes!...

Y D. Segundo contaba, al otro dia, que en su casa tenian que prescindir del cocido para resarcirse del gasto de los solitarios.

EL ABANICO DE CONCHA

Es un abanico chico
con vitela de papel;
no hay nada de concha en él...
y es de Concha el abanico.

Pintadas en cien colores
retrata chinescas modas;
ya figuras y pagodas,
ya sombrillas y tibores.

En el centro, el mandarin
de crencha larga y delgada;
más allá, la desposada,
sobre regio palanquin;

caracteres singulares
en letrero vertical;

un personaje imperial
que hace juegos malabares...

y sobre tanta figura
y sobre tantos colores,
ha trazado sus primores
la diosa literatura.

Hay bellos endecasílabos
en una endecha preciosa,
y hay un pensamiento en prosa
y unos versos octosílabos.

Pero tal prenda no es
solo un artístico objeto,
sino breve parapeto
ó biombo japonés,

donde se oculta el rubor
que es de la virgen divisa
y se esconde la sonrisa
que es un destello de amor....

CONSULTA

Alfarache y Correa
　son dos cajistas
que se están peleando
　todos los dias.

Anteayer se arrojaron
　con saña fiera
los dos componedores
　á la cabeza.

Y Alfarache fué en busca
　de un abogado,
y hallándole en su casa
　le contó el caso.

—Me deja usted perplejo
　con la consulta:

para mí este negocio
no ofrece duda.

¿A qué juicio se llevan
tales cuestiones?...
A un juicio de amigables
componedores.

Fotografías Interesantes

—Estoy temiendo un fracaso
con mi pobre Basiliso:
nada, doctor, es preciso
que estudie muy bien el caso.

Le ruego de todas veras
que lo cure de una vez;
observe qué palidez,
qué miradas, y qué ojeras.

Está el pobre tan delgado,
rechina tanto los dientes...
—Deme usted antecedentes
y no tenga usted cuidado.

—Niño, vete; ya se fué.
¡Pobre hijo mio!

—Señora
no se apure usted ahora,
que yo se lo curaré.

—Pues verá usted, D. Leon,
el chico tiene un talento...
¡ay, qué claro entendimiento!
¡qué clara imaginación! ..

—¡Claro; la cosa no es rara,
es hijo de usted y al fin
ha de tener el magin
tan claro como usté, Clara!

—Gracias, doctor: hace dias
que su proceder extraño;
de seguro pierde el año,
no hace más que tonterias.

Ya taciturno y sombrio
pone en la mano la frente,
ya caza rápidamente
las moscas en el vacío.

Ya suspira el infeliz
doliendose de su estado,

ya se mete descuidado
el índice en la nariz...

—¿Y qué más?
       —Esto es lo grave:
ayer me abrió la gaveta
y me robó una peseta,
valiendose de otra llave.

Despues, se encontró dormida
á Lorenza y le dió un beso,
y ella, ofendida por eso,
me ha dado su despedida.

—Bien, pues eso de Lorenza,
y lo de la cantidad
que hurtó, no es enfermedad.
—¿Qué es eso?...
       —Poca vergüenza.

—No diga tal, D. Leon
—El enfermo es una alhaja,
pero tiene una ventaja.
—¿Cual?
       —Tener... *poca aprension.*

Nada, ya le observaremos
y extenderé una receta;
¡pero eso de la peseta!...
Que venga, le auscultaremos.

—Entra, Basiliso... Y bien,
ya le tiene usted delante.
—(Este chico es un tunante)
Ponte más próximo, ven.

Voy á fijar el oido
en el costado derecho.
—Va á reconocerte el pecho
—(¡Vaya por Dios, me he caído!)

—Verás con qué claridad
tus alifafes pregona.
—Nada, el corazón funciona
con gran regularidad.

¿A ver aquí?... (Ya encontré
la clave de sus enredos.)
(*Dando golpes con los dedos*)
¡Qué dureza!... (Lo atrapé)

—La camisa, si precisa,
que se la quite al instante.
—(¡Qué gurdará este tunante
entre el pecho y la camisa!)

—(¡Ay, me van á reventar
si me sacan los retratos!)
—Sin recetas ni aparatos
creo que lo voy á curar.

¡Hola, ya hay datos bastantes!...
—¿Qué le nota usted?...
                    —Le noto...
que tiene unas cuantas foto-
grafías interesantes.

—¿Sí?....
              —(Maldita sea su estampa)
—¿A verlas?... ¡Qué atrocidad!
Esta era la enfermedad.
—Hemos dado con la trampa.

Mire usted qué deshoneta
es esta figura.
              —¡Horror!

—Esta no tendrá calor...
¿Y esta bailarina?... ¿Y esta?

—Ya me darás cuenta, luego,
de tu infame proceder.
Pero... ¿qué va usted á hacer?...
—Pues llevármelos. .. al fuego.

—No llores; los mentecatos
todo lo arreglan así.
¿Lloras tu pecado?... ¿Sí? ..
—No: llo.... ro... por mis re... tra... tos.

EL TENOR DE MEDELLIN

A veces nos empeñamos en seguir por un camino distinto á aquel que nos muestra el dedo de la Naturaleza (¡chúpate ese pensamiento!)

Verbi gratia: ha nacido usted para ciudadano libre é independiente y se casa con una joven que tiene madre y perro de aguas.

Es lo que decía D. Proto:

—A mí que no me digan; algunos hombres tenemos tuerto el entendimiento: nos empeñamos en ser escribientes de plantilla, como los bizcochos, cuando debiéramos irnos para directores generales de cualquier ramo ó manojo.

Lo mismo, exactamente lo mismo le ocurrió á Pantaleon Pinabete, un chico natural de

6

Medellín, que entró de aprendiz de sastre y se sintió tenor expontáneo.

—Yo no sirvo para tirar de la hebra; se decía. Los chalecos y los cortes de mangas, no son para el hijo de mi madre.—Y una noche de luna tomó el caminito á pié, y en tres ó cuatro jornadas, como los dramas clásicos, se metió en Madrid dispuesto á hacerse valer... y á cojer una pulmonia.

En la casa de huéspedes hizo las delicias de todos sus compañeros. Baste decir que una tarde cantó el *Spirto gentil* en catalan, haciendose el acompañamiento con un abanico de la patrona. E inútil parece agregar que los pupilos salieron con dolor de cabeza, y que Pinabete tuvo que curarse la garganta con una porcion de gárgaras de clorato y de caldo del puchero.

Pero estos pequeños contratiempos no eran bastantes á hacer que Pantaleon desistiera de sus propósitos; antes al contrario, recobraba nuevo vigor en cada una de aquellas sesiones de confianza; y si no hubiera sido por que se le rompían los pantalones al esforzarse para emitir las notas agudas, hubiera repetido con más frecuencia tan agradables conciertos.

—Vd. lo que debe hacer—le decía D.ª Mamerta—es pedir protección á algun músico notable. Si Vd. quiere, yo puedo presentarle á un profesor de figle que vá á casa de las de Capacete.

—¡Ay, D.ª Mamerta, cuánto le agradecería á V. ese favor!... Pero... hasta que no me crezca un poco el pelo, no debo presentarme como tenor en ninguna parte.

Este razonamiento hizo diferir la visita, pero no fué obstáculo para impedir otras gestiones.

Pantaleon se presentó una mañana en casa de cierto pianista, que tenia una mano izquierda mejor que la de Lagartijo.

—Venía á abusar de la amabilidad de V. para que me probase la voz; soy tenor, por naturaleza, y quisiera aprender la solfa.

—Vamos allá, joven. Empiece V. á hacer la escala. Do... re... mi.... ¡Adelante!... ¡Animo!.... Pero ¡qué es eso! ¿Se ha desmayado Vd.? Ya decia yo que V. no llegaba al sol.

—Sí señor, dijo Pinabete; ya veo que para cojer ese sol se necesita tocar el cielo con las manos. Pero yo soy tenor; exclamó en un arranque de vanidad.

—Puede; respondió el maestro haciendo una mueca.

—¡Ah! Si Vd. me hubiera oido cantar en Medellin aquello de

me gustan todas,
me gustan todas,
me gustan todas....

—Bueno, pues haga V. el favor de retirarse que tengo que lavarme los pies y se enfria el agua.

—Está bien, me iré, pero que le conste á V. que soy tenor. ¡Vaya si lo soy!...

Y Pantaleon salió malhumorado de casa del pianista.

Al llegar á su vivienda, Dª. Mamerta reiteró al jóven su ofrecimiento de llevarle á casa de las de Capacete, y Pantaleon aceptó conmovido, disponiéndose á verificar aquella noche la visita.

¡En qué ocasion más oportuna llegaron la *patrona* y su patrocinado!

Además del profesor de figle y de las niñas de la casa, estaba allí D. Secundino Botella, honrado industrial que lo mismo organizaba una cofradía que se presentaba en quiebra.

Y ¿á que no saben ustedes en qué se ocupaban los circunstantes, en el momento de llegar el tenor y la pupilera?... Pues en los preparativos de una fiesta de rogativas, para que lloviera sobre los campos.

—¡Magnífico!... exclamó Botella. Este joven podrá tomar parte en la función.

—¿Vd. qué pito toca?—le interrogó el del figle.

—Soy tenor; contestó Pinabete con cierto aire de suficiencia.

—¡Ay, entonces puede cantar el Ave-María! —añadió Fifina Capacete.

—Pues sí que lo sé. ¡Lo he cantado en Medellin una porción de veces: óigan ustedes:

"Ave Maria Purisima; las doce y media y serenooo..."

Nadie pudo contener la risa; baste decir que al profesor de figle le acometio un dolor rabioso en las mandíbulas y que á Botella se le cayó el tapon, de algodon en rama, que tenia en el oido derecho.

Restablecida la calma logróse fijar el programa de la fiesta de rogativas; y al terminar la velada, dijo el del figle aparentando la mayor seriedad:

—No, lo que es como cante ese muchacho, llueve de seguro.

¡¡MORALEJA!!...

Conozco yo á una joven *interesante,*
que se llama por cierto Julia Bramante,
una chica que abusa del colorete
y se pone lo mismo que un salmonete.
Ayer le paseaba la calle un tonto
y una andaluza, al verlo, dijo de pronto:
"Trovador candoroso, no te *confiez,*
mira que se unta *rojo Matilde Diez"*
Al leer estos versos dirá cualquiera:
¿hablan los andaluces de esa manera?
Y yo, que nunca miento, diré al instante:
es la fuerza maldita del consonante;
mas ya que lo he salvado por suerte mia,
vuelvo á cojer el hilo de la poesía.
Pues... Julita Bramante no perdonaba
la ocasion que la suerte le deparaba,

y aceptó al mismo tiempo los amorios
de tres caballeretes, amigos mios.
Los tres ambicionaban vivir con ella,
uno al verla tan joven, otro tan bella,
y el tercer pretendiente, por que creia
que la Julia Bramante le dotaria.
Situacion tan dificil, puso en un brete
á Julita, la diosa del colorete,
por que es lo que pensaba triste y dudosa:
¿con cual de mis amantes seré dichosa?
El uno es un vejete que me hace el oso
soñando de una joven ser el esposo;
si á aceptar á este viejo yo me decido
para mí sera un padre, mas no un marido.
El otro, que me llama su sol, su estrella,
me ambiciona tan solo por que soy bella,
por que no sabe el pobre que mis hechizos
se vuelven colorete ¡y hasta postizos!
Y el tercero ¡mal rayo parta al tercero!
me quiere por que busca solo dinero.
Yo no tengo firmeza para el anciano,
¿á cual de los restantes le doy mi mano?
Los encantos que ostento no son reales,
por completo ilusorios son mis caudales...
¿Qué hago pues?.... A dos solo rechazaría

mas á ese del dinero lo aceptaria.
Caiga, pues, este joven en el garlito
y encontrará la pena junto al delito.

El interés es móvil tan despreciable
que lo repugna á veces el más culpable.
Y Julita Bramante, coqueta y *todo*,
castigaba ese móvil... ¡aunque á su modo!

EL CAMARERO

Rosendo vino de Lugo
y en un café se metió
y allí de mozo sirvió,
por que á su dueño *le plugo*.

A partir desde ese dia
estudió con tanto afan,
que hoy sabe más que Frijan
¡y eso que Frijan sabía!

Garrido era el apellido
del mozo á que me refiero;
¡no habrá nunca un camarero
tan barbian ni tan *garrido!*

A sus amigos más tristes
sacará de sus casillas,

que es, contando anecdotillas,
un *Almanaque de Chistes*.

Refiere el tal camarero,
que *en una cierta* ocasión
promovieron discusión
un médico y un torero;

que el torero ¡ya se vé!
teniendo más desenfado
gritaba á grito pelado,
y alborotaba el café:

—Mato más que Lagartijo,
más que el Guerra ¡no que no!
¿Hay quien mate como yo?...
—¿Pues no ha de haberlo?—Le dijo

el licenciado al maleta
sujetandole de un brazo.
—¡Cómo!—rugió el torerazo
mesandose la coleta.

—Calme usted su indignación,
soy yo solo quien le gana,

que he firmado esta mañana
seis partes de defunción.

Tambien cuenta el camarero,
que en cierta cuestion de honor
que tuvieron un señor
de Madrid y un forastero,

como es costumbre seguida
de atrás, quedaron amigos,
y duelistas y testigos
se dieron una comida.

Uno de los contendientes
no habló más que del honor,
de las pruebas de valor,
de las personas decentes,

y acabó con altivez
en su caustico lenguaje
diciendo: "¿habrá quien rebaje
de mis timbres la alta prez?

Por que mis timbres, señores,
ninguno osará empañarlos,

que yo puedo compararlos
hoy por hoy, con los mejores!"

¿Estaba haciendo el ridículo
con su discurso el duelista?...
No, por que era electricista
y estaba haciendo.... el artículo.

PALIQUE FOTOGRÁFICO

Un cadete, que en el siete
de mi misma calle habita,
le quiso ofrecer á Anita
sus cordones de cadete.

Salió una tarde al balcon,
que está junto al de la bella,
y empezó á tejer con ella
la siguiente relacion:

—Tan solo por usted vivo
y espero me otorgue aquí,
si en algo me estima, un sí,
y un no en caso *negativo*.

En sus ojos se *retrata*
una bondad infinita;

dispense usted, señorita,
si al hablar meto la pata.

Tuve *papel preparado*
que fuera *revelador*
de este irresistible amor
que en mi sér ha despertado;

mas aunque la encuentre esquiva,
y aunque desprecie mi charla
así prefiero probarla,
que es la *prueba positiva.*

Su *imágen* dulce y riente
llevo grabada en mi pecho
y está el *retrato* bien hecho,
porque el amor fué la *lente;*

y aunque ninguno lo vé,
si alguien mirarlo pudiera,
de seguro que dijera:
«¡hombre, precioso *cliché!*...»

Conozco que es una perla,
y que yo valgo muy poco

y me considero un loco
cuando vengo á pretenderla...

Soy seco como una caña,
es usté una admiración,
tiene usted *pié de salon*,
yo tengo *pié de campaña*;

es divina su hermosura,
yo soy feo de espantar;
usté es *cámara solar*
y yo soy *cámara oscura*.

Pero si el destino aplaca
conmigo su saña impía,
tal vez obtenga algun dia
tres estrellas y una *placa*.

Hágame usted la merced
de admitirme; usted lo piensa:
yo me quedo en una *prensa*
hasta que resuelva usted.

Si de esta declaracion
quiere detalles más fijos,

aunque en términos prolijos
le haré á usted una *ampliacion*.

De mi amor le daré *pruebas*,
y más puras han de ser
que las que logra exponer
el celebérrimo *Debas*.

Piénselo usted, señorita,
tenga de mí caridad;
luego iré á la *promenad*
ó iré á hacerle una *visita*.

Me deja usté el alma inquieta
pues lleno de afan estoy.
Para que sepa quien soy
ahí tiene Vd. mi *tarjeta*.

LA ESTÁTUA

I

¡Taracina del Campo, hermosa villa,
terrestre maravilla
que encierra un paraiso en sus confines;
confines peregrinos
que avaloran arroyos cristalinos
y perfuman naranjos y jazmines!...
¿Vd. no ha estado allí, lector amado...?
Pues juro que si ha estado
sentirá la nostálgia que yo siento
al no escuchar la clásica campana,
cuyo son propagaba el manso viento;...
y al no ver al alcalde de la villa,
modelo sin igual del monterilla,
un alcalde tan bruto
que Bruto debió ser y nó Canuto.
Tenia aquel alcalde una figura

que no puede olvidarse fácilmente:
de mediana estatura,
de poco extensa frente,
de pardos ojos y mirar brillante,
siempre envuelto en su capa de estameña
y el alguacil marchando por delante,
como típica nota
del eterno señor de la alcaldia;
figura que en conjunto parecia,
un boceto formado en *terra-cota*.

II

Pues el Alcalde aquel, el tio Canuto,
quiso rendir tributo
de eterna admiración, al diputado
que defendió en las Córtes un proyecto,
(que por poco naufraga en el Senado)
ley que cambió el aspecto
de la cuestion llamada *de la encina*,
ó sea de la bellota,
riqueza principal de Taracina.
Hay tantos cerdos, con perdon se anote,
en el pueblo indicado,
que hasta se hacen novenas por que brote
el fruto ambicionado.

Y como este producto es oleoso
dá a la industria el aceite consabido,
para los calvos líquido precioso;
por más que muchas veces haya sido
su virtud ilusoria,
habiéndose ¡oh desdicha! convertido
en una produccion depilatoria.
Mas refrenando de mi mente el vuelo,
dejo de divagar y hacer primores
en cuestiones de pelo,
que es tomárselo, al cabo, á los lectores.

III

¡Una *estáuta*, queria
erigir el alcalde al diputado!
Y ¿cómo lograria
ver su sueño de alcalde realizado?
Encargar á Madrid tal escultura
hubiera sido cosa de mil duros.
¡Aquí de los apuros
que el tio Canuto le contaba al cura!
Por otra parte, ¿quién en Taracina
iba á hacer la figura?
Allí todos podaban una encina,
sembraban un barbecho,

y, sin ser licenciados en derecho,
de derecho trataban,
y cuando en son de *guerra*
al juzgado de *paz* se dirigían
en práctica ponían
los mil recursos que la ley encierra.
¡Pero hacer una *estáuta!* ¡Qué locura!
¿Qué saben los borricos de escultura?

IV

En aquella ocasion, llegó a la villa
¿qué diré?... una cuadrilla
casi de malhechores;
que aquellos, no señor, no eran actores.
Cómicos tan tronados,
que solo con tres colchas de sarasa,
la una al frente y las dos á los costados,
ponian decoracion de calle ó casa.
El pueblo no queria
gastar en las funciones el dinero;
de la barraca huia
y solo penetraban tres ó cuatro,
y algun que otro arriero
que entraba con el burro en el teatro.
Solo aumentó la gente,

y fué su regocijo bien notorio,
al ponerse *El Tenorio*,
que fué ultrajado allí villanamente.
¡Qué capas y qué trajes,
arrugados en fuerza de viajes,
incoloros, zurcidos....
¿y las damas? Señores, ¡qué vestidos!...
Pues... vamos á mi cuento
que ya se hace pesado:
de la calle pasemos al convento,
sin mudar ni una vez *el decorado*,
y entremos, si quereis, de sopeton
en el acto en *que sale* el panteon.
El alcalde, Canuto,
se encontraba á pesar de ser tan bruto
en aquella velada,
y al ver salir al escultor, dió un salto,
y un suspiro despues y una patada,
á tiempo que decia:
"¡Un escultor: la suerte me lo envia!"

V

A los pocos instantes
el tio Canuto vió á los comediantes
y les dijo: "Zeñores:

ese escultor que ustedes ha sacao .
y que *parese* un hombre bien hablao
y que *hase* unos muñecos superiores,
quiero que haga una *estáuta* de primera,
ya en una piedra fina,
ya en barro ó ya en *maera*,
pagandola el comun de Taracina."
El pobre director de aquella tropa,
que estaba sin un cuarto
y harto de comer sopa,
ó mejor dicho, todo menos harto,
en la cuenta cayó inmediatamente
é imaginó una treta,
para ver de ganarse una peseta
engañando al alcalde-presidente.
En hacer la escultura
convino, por salir de aquel atranco
y pidió un anticipo al buen alcalde.
Vistió á un *lila*, despues, con traje blanco,
la cara le pintó con albayalde;
le enseñó una actitud en un minuto
y le ofreció la estátua al tio Canuto.

VI

Sobre récio tablado
enmedio de la plaza colocado,
á la noche siguiente
íbase á inaugurar pomposamente
la estátua del político notable,
que apareció cubierta enteramente
con un trozo de tela impermeable.
Hay que advertir, que aquella compañia
de cómicos, habia
emigrado del pueblo en horas antes,
llevándose el dinero
que le dió aquel alcalde majadero,
engañado por záfios comediantes
Y el imbécil modelo,
puesto desde la tarde en el tablado,
inmóvil y tapado
con fatigoso velo,
esperaba ganar mísera suma
dejando el pedestal, cuando la noche
envolviera á la tierra en densa bruma.
Llegó el momento ansiado
de descubrir la estátua peregrina,
agrupandose en torno del tablado
toda la poblacion de Taracina.

Tiraron de la manta,
y así cumplióse el general anhelo,
mas con violencia tanta
que la humana escultura cáyó al suelo.
¡Quéescándalosearmócuando entendieron
el miserable engaño! El tio Canuto
volviendose furioso, á poco muerde.
Y al infeliz estátua lo cojieron
y ¡fué tal la paliza que le dieron,
que estando blanco lo pusieron verde.

LA FÉ....

El sacerdote vicario
del pueblo de Calazon,
ocupa una habitacion
contígua á la del notario.

Es el buen cura, celoso
de su cargo y su deber
y acostumbra á no tener
tranquilidad ni reposo,

pues si de la iglesia viene,
el incansable vicario,
ó en leer su breviario
ó en perorar se entretiene.

En las fiestas principales,
ejemplo, en las del patron,

recomienda en un sermon
las virtudes teologales.

Y ocurrió recientemente
que su discurso ensayaba
y en su cuarto peroraba
de la manera siguiente:

—Decid ¿hay algo que esté
á más celestial altura?
¿hay una virtud más pura
ni más grande que la fé..?

El pasante del notario
que este sermon escuchó
dijo, cuando terminó
sus palabras el vicario:

—Como verdad considero
cuanto ha dicho su mercé,
no hay nada como *la fé*...
para ganar el dinero.

TELEGRAMA

El Marqués de Rocafria,
hombre que regala mucho
á sus criados más fieles,
si no le dan un disgusto,
mandó ayer un telegrama
á su apoderado Rufo,
diciéndole que á una joven
que se llama Luz Orujo,
le entregase un borriquito
que no estuviese *en mal uso*.
No estaba Rufo en el pueblo
pero su mujer, al punto
cumplió el mandato del amo
y en cumpliendolo, dispuso
que fuese un hijo que tiene
(el cual por cierto es muy bruto)
á poner un telegrama

dando cuenta del asunto.
Llegó á la central el chico,
que se las dá de Licurgo,
y así redactó el despacho:
"Mi madre dió á Luz un burro."

FIN DE UN DISCURSO

Hay hombres que pasan el día reuniendo y clasificando sellos de correos, ó tirándole de la oreja á Jorge ó montando en bicicleta... ó haciendo versos, que es la peor de las manías.

Pero entre todas las aficiones habidas y por haber, ninguna tan arraigada como la de un vecino mio, tonto de capirote, que se ha empeñado en ser diputado ó senador y está buscando cartas de recomendación hasta para el Nuncio.

Llega á tal extremo su monomanía que, constantemente, se ocupa en estudiar discursos y frases campanudos, para soltarlos á la primera ocasión.

El otro día se enteró de que el partido fusionista prepara un banquete, en prueba de regocijo por lo *retebien* que se está portando en el poder, y empezó á sudar que se las pelaba.

—¿Qué voy yo á decir en un banquete? Nada, hay que ensayar sobre el terreno.

Con efecto, se dirigió á un *restaurant*, entró, se acercó al camarero, que le recibió con gravedad británica y preguntóle á boca de jarro:

—¿Cómo se llama Vd.?

—Lorenzo Bravo ¿Viene usted á hacer el padrón?

—¿Pues acaso tengo facha de temporero? Lo que deseo es un cuarto reservado y el almuerzo.

—Está bien.

—¡Ah! Y si se oyen voces, chitón...

—¡Canario!

—Nada, no hay que alarmarse, soy un político que necesita ensayar un discurso.

Penetró el orador en el cuarto y apenas le fué servida la tortilla empezó á perorar de este modo:

—¡Ah, señor, ah, señores! Ningún gobierno lleva como este las riendas del poder ó el timón de la nave del estado... ¡Ah!... En cambio el partido saliente, los políticos que han ejercido la tutela de la nación antes que nosotros, son...

En este momento dió el comensal un corte á la tortilla y aparecieron en el interior de la fritura los *cadáveres* de dos moscas.

—¡Infames, puercos! ¡Qué modo de mirar por el público! ¡Qué ultraje al apetito y al aseo!....

Bravo, el camarero, creyó que las frases gruesas iban dirijidas á los políticos salientes.

—¡Qué valentía tiene para hablar! Así debieran ser todos los diputados.

En este momento empezó el parroquiano á batir palmas, furiosamente, y á gritar con toda la fuerza de sus pulmones:

—¡Bravo, Bravo, Bravoooo!...

—Es natural, pensaba Lorenzo; como no tiene público él solo se aplaude.

—¡Camarero!...—gritó el diputado por afición.

Entró en el comedor el pobre mozo, haciendo reverencias y saludos; y en cuanto apareció en el dintel el comensal le arrojó á la cabeza la fatal tortilla, los platos y hasta la botella del vino.

Así terminó aquél discurso político.

¿Y qué?... Con el tiempo acabarán del mismo modo todos los debates parlamentarios...

LOS DUELOS....

Ayer.

—Pare el hidalgo ruín
ó le esconderé mi espada.
—Escóndala el malandrín,
que no sirve para nada.

—A su pecho tocará
buscándole el corazón.
—Yo pienso que yerrará
el solemne bravucón.

—¡En guardia!
   —¡Sus!...
    Los aceros
se pulsan estrechamente;
¡esgrimen los caballeros
la espada perfectamente!

10

Se animan en la pelea
con votos de parte á parte
y ¿negará quien les vea
que el arte de esgrima es arte?...

Desprecian reglas villanas
y usan con formas distintas,
ya estocadas castellanas,
ya cupés, uñas ó fintas.

Pero da el soplo la gente,
y los duelistas viriles
huyen recatadamente
de corchetes ó alguaciles.

Hoy.

Hoy, pistolas, botiquin,
dos carruajes de plaza,
¿y las espadas de taza?
no sirven para este fin.

El *soplo* al gobernador,
oportunamente dado;
los padrinos que han *danzado*
en este *baile de honor*.

El duelista que se ensancha
al volver ileso en coche;
y el *champagne*, que aquella noche
es el que lava la mancha.

Menu amoroso

Leonor, muchacha discreta,
de faz *revolucionaria*
y de gracia extraordinaria
es una linda coqueta.

Si á su primo le hace un mimo
y el muchacho se derrite,
á ella le importa un ardite
el sufrimiento del primo.

Y como prueba patente
de que lo dicho es verdad,
vais á tener la bondad
de que narre lo siguiente:

Algunas noches solía
celebrarse una reunion

en casa de D Zenon,
donde Leonor concurria.

Al llegar hora prudente
la sesion se levantaba
y cada cual se marchaba
del cuarto, inmediatamente.

Y como el primo tenía
concepto de hombre de honor,
llevaba siempre á Leonor
á la casa de la tia.

Salió una noche con ella
y, queriendola obsequiar,
le dijo:—Vente á cenar
al restaurant de *La Estrella.*

—¿A cenar?... Cualquier indicio
dará del caso la clave
y si mi madre lo sabe
dirá... que he perdido el juicio.

—¡Un indicio! ¡Qué ilusión!
Haz el favor de explicarme...

--Por ejemplo, puede darme
en casa una indigestion.

—Bah, no sabes lo que dices,
ven, accede á mis deseos.
¡Expenden aquí un Burdeos...,
preparan unas perdices!...

—Es tu empeño extraordinario.
— Accede, prima querida.
—¿Nos iremos enseguida?...
—¡Pues quién duda lo contrario!

Entraron poco despues,
un mozo les recibió
y un cuarto les señaló,
por cierto el número tres.

Pidieron lo que quisieron
y el mozo, sin dilación,
les llevó á la habitación
los manjares que pidieron.

—Primita, no estés inquieta
Toma una chuleta... ¿admites?...

—Hombre, no te extralimites
ó te doy yo *la chuleta*.

—Pero, prima ¿qué ha pasado?
—¿No lo sabes?
              —No lo sé.
—Pues lo de siempre, tu pié,
que parece un *pié forzado*.

—Pollo frito
           —Mi apetito
no consiente esa ración.
—¡Ay, prima del corazon,
tú sí que me tienes *frito*.

—¡Una perdiz!... Me subyuga
su olor, yo la trincharé;
tráela, primo, y te daré
lo que quieras.
           —¡La pechuga!

—Te excedes á no dudar
y me obligas á decir:
"contra el vicio de... exijir
hay la virtud de... negar.

—¡Yo que iba á pedirte un beso!
—¿Si? Pues toma queso y pan,
que á beso, dice el refran
que saben el pan y el queso.

—¿Quieres entremés?
                    —Despues
lo tomaré, si señor.
—¡Cuanto te quiero, Leonor!
—Ese sí que es entremés.

—Bien, será lo que tú quieras,
pero yo estoy á tu lado
completamente chiflado,
pero chiflado de veras.

No te muestres inhumana,
haz mi vida un paraiso.
—En ese caso, es preciso
que yo te dé una manzana...

Y con gravedad notoria
una manzana le dió,
y el primo se la comió...
¡y aquí se acaba la historia!

COINCIDENCIA

Juan de Ramos se casó
con Dominga de Escalante,
y tuvieron un infante
que á los diez meses nació.

Como Dominga es así,
que en su casa ella es el hombre,
dijo:—Quiero que se nombre
á mi niño, como á mí

Y Ramos le dijo:—Vamos,
pues que lo quieres será,
pero el chico firmará....
—¿Cómo?...
                    —"Domingo de Ramos"

11

COPIA SIMPLE

En un billete ha mostrado
Juan su amante desvario,
y yo una copia he sacado
simple, cual todo lo mio.

Alla vá: "Querida O:
(Por que el nombre y la inicial,
de la novia que buscó,
es la citada vocal)

"De mi cariño te asombras
y no entiendo tu extrañeza;
tú misma cuando te nombras
te admiras de tu belleza;

con que ya ves si hay razon
para que un joven fogoso

te ofrezca su corazon
y trate de ser tu esposo.

Yo ví tu pié, pié tan leve
que dije en cuanto lo ví:
—¡Como su nombre; el más breve
de cuantos nombres leí!

Y que no vaya á pensar
que eres coja, el que esto lea;
si hablé del pié en singular
los tienes cabales, ea.

¡Cuándo llegará la hora,
por la que triste suspiro,
en que seas tú mi señora!
¡Oh!..... No te nombro, me admiro.

Me inspiras tanta aficion
que hasta te juzgo un tesoro.
"*O* arráncame el corazon...
O ámame, por que te adoro"

EL LORO

Mi buen amigo Teodoro,
persona de buen humor,
pasa su tiempo mejor
dando lecciones á un loro.

Cifra su gusto el muy máula
en pasar horas y dias
repitiendo tonterías
colocado ante la jaula.

Una vez, siguiendo el curso
de su afición sin igual,
enseñóle al animal
un político discurso.

Llevó la jaula al balcon,
y alegre ante el sol el ave,

en tono rígido y grave
ensartó esta relación:

"Señores, no hay que temer,
pues si es malo este gobierno,
será vuestro gozo eterno
cuando yo suba al poder.

No ha de haber contribuciones
ni alcalde que prevarique,
ni ha de quedar un cacique,
ni han de vivir los ladrones."

Acabó el animalito,
no sin decir al momento
con más pronunciado acento:
"papita, papa al lorito."

Y entonces un hombre ducho
que en la calle se encontraba,
dijo cuando terminaba
sus frases el avechucho:

—Al acabar un sermón
de política, animal,

es cosa nada usual
pedir la manducación.

Por más que á ninguno escapa,
que ciertos hombres desean
cuando mucho discursean,
lo mismo que el loro: *papa*.

¡VAYA UN DEBUT!

Cástulo Sarabio se sentia abogado desde mucho antes que pensára en cursar la carrera.

— ¡Cuando yo me ponga la toga y vaya al primer juicio,—le decía á sus amigas—cómo me voy á lucir!....

Poquito á poco, á fuerza de recomendaciones, llegó Castulito á licenciarse, para regocijo de su papá, un usurero de siete suelas, que le daba un millon de vueltas á un duro y que se empeñaba en no comer más que lentejas con cebolla. D. Sérvulo—que así se llamaba el autor de Cástulo—no habia malgastado jamás un céntimo, pero lo que ahorró en todos sus negocios lo derrochó de muy buen grado en la carrera de su Benjamin, sobre cuyo talento tenia formado el concepto más alto que puede suponerse.

Cuando Cástulo era pequeñito, D. Sérvulo no hacía más que tocarle al niño todas las prominencias de la cabeza, valiéndose de sus aficiones frenológicas, para averiguar qué instintos encontraba más desarrollados en su heredero.

—¿A ver?—dijo un dia, palpando con asombro un bulto que presentaba el niño en el parietal derecho—No hay duda, este es el burujon de la elocuencia; este niño va á tener un treinta por ciento de verbosidad, más que todos los oradores conocidos.

Castulito pataleó durante la práctica de tal reconocimiento, dando alaridos que inspiraban lástima.

Y era que el chico experimentaba un dolor agudo, por que el bulto que su papá le tocaba pertenecia á la clase de *chichones;* Cástulo se habia caido por las escaleras, produciéndole el golpe aquella nuez madura.

Sin embargo de lo cual, el hijo de Sarabio llegó á *cojer* el título y su padre, loco de alegria, abonó con placer el importe de una toga y de un birrete que el novel abogado se mandó confeccionar en el establecimiento titulado *La tórtola soltera.*

12

A partir de aquel momento, Castulito se dedicó á buscar procesado que defender, faena en que le ayudó su padre de un modo eficacísimo.

—Díme; le decia D. Sérvulo á la criada: ¿tú estás *empapelá*?

—¡Ay qué gracia! ¡Pos ni que yo fuera una sala con alcoba......!

La suerte dió á Sarabito lo que sus gestiones no habian podido darle. Tocóle ser abogado de pobres y la primera causa que le llevaron á su estudio fué una por rapto de la joven S R.

(Los nombres de las ultrajadas no deben decirse en letras de plomo)

—Esta causa, hijo mio, puede hacer tu reputacion. Estúdiala bien, para que tu talento brille en toda su plenitud.

—Así decia el usurero, lleno de *interés*, á su querido redrojo.

Desde que abrió el rollo Cástulo, empezó á preocuparse demasiado.

Aquellas descripciones hechas por el procesado ó por su novia y los informes detallados, y un tanto subidos, de color, producidos por los médicos forenses, se los aprendió de memoria

y le dejaron las concavidades de los ojos, de color de aceituna zapatera.

Castulito estaba preocupado con su pleito:
habíase ya señalado el dia del juicio, y D. Sérvulo iba repartiendo tarjetas á los amigos
anunciándoles el *debut* de su niño.

Manolita Filetillo, una señorita pequeña de
estatura y fina de color, semejante á una de
las meninas de Velazquez, deseaba que llegase
la hora de la vista, para regocijarse con el luci-
miento del letrado, cuya figura no le desagra-
daba.

Y el dia llegó: Cástulo ciñó la levita, estrenó
el sombrero de copa alta y tomando un simon
dirigióse á las Salesas, acompañado de D. Sérvulo y del procesado, que iba en el pescante
llevando el bolso de damasco conteniendo el
trage de toga.

Dió principio el juicio.... ¡Ay qué nudos se
le echaron en la garganta al pobre Castulito!
Formuló preguntas sin sentido práctico, miró á
un lado y á otro con estupor, y empezó á
arrancarse los vellos de las orejas.

¡Pero qué apuros cuando el presidente le con-
cedió la palabra! Se le nubló la vista, se puso

blanco, como el arroz con leche, y olvidó de repente el discurso que llevaba aprendido. Haciendo un esfuerzo pudo pronunciar estas palabras:

—Ese no es, no es, no puede ser culpable. Hum.... a.... e.... porque.... es inocente.

Y el infeliz ahogaba la oracion con buches y más buches de agua.

Hasta que un sorbo le produjo cosquillas en la garganta y le dejó inútil para continuar mascando sílabas.

Concluyó el juicio y los concurrentes salieron comentando la ineptitud de Sarabio. ¡Sobre todo Manolita, la menina, que habia sufrido una decepcion horrible!

A los tres dias le fué notificada al reo la sentencia condenatoria, y cuando se enteró de ella preguntó muy fresco:

— ¿Y á mi defensó, qué pena le han echao?...

NÚMEROS

Conozco yo á un matemático,
que de sábio tiene fama
y que los números ama,
con un amor sistemático.

En cuanto coje la pluma,
aprovecha la ocasión
para hacer una ecuación,
ó para hacer una suma.

Su trato es digno de loa,
pues resulta un caballero
á más de honrado, sin*cero*,
y á más de D. Br*uno*, *Ocho*a.

Ha tiempo expuso un cartel
(pues quiere ver si prospera)

y os diré de qué manera
extendió su anuncio en él:

"Al público.—Me permito
abrir clase, el mes presente,
en cuyo centro 12-nte
el menaje es 9-cito.

Quiero ver mi escuela llena
de jóvenes principales
y llevo 40 reales
por una sola 15-na.

Sé que hay un 7-mesino
que al par su colegio ofrece,
mas yo seguiré en mis 13
y él que siga su camino.

Si obtengo el favor ¡par-1o!
de 100 chicos aplica-2,
juzgaré recompensa-2
mis afanes esta vez.

Espero sin duda alguna,
tener alumnos bastantes

que aliviarán los constantes
desas-3 de mi fortuna."

. . . .

Le engañó su buena fé
al desventurado Bruno;
¡ningun colegial, ninguno
á aquella academia fué!

Mas vino á amargar su vida
otra terrible amargura,
que á veces la desventura
va con el saber unida:

Le tomaron por ladron
y á la cárcel fué á parar,
¡por que un juez le oyó elogiar
la regla de *sustracción*!....

.

Cuento andaluz.

I.

Existe en Andalucia
un labrador, ya caduco,
que mostró su valentía
en tiempos en que ceñía
la canana y el trabuco.

No existió quien le faltára,
ni por asomo, al respeto,
ni hubo quien nó le admirara
cuando el pueblo atravesara
sobre cordobés muleto.

Pero así como tenia
el tio Roque de mi historia
una sin par valentia,

tambien se le atribuía
una estupidez notoria;

que suele la Providencia
fundir en un solo instante
y en una misma existencia,
una pobre inteligencia
con un corazon jigante.

II

Pues ocurrió que el alcalde,
funcionario sempiterno
del pueblo de Villaolalde,
que no se agitaba en balde
si lo mandaba el gobierno,

en contra de la opinion,
y sin emplear recato
en su infamante mision,
decidió una votacion
á favor de un candidato.

Candidato sin igual,
que apenas si conocia

13

la ley constitucional,
pero hombre á quien protegia
el elemento oficial.

III.

En tabernas y en reuniones,
al hablar sin embarazo
de chanchullos y traiciones,
se dijo: «en las elecciones
dió el alcalde un *pucherazo*»

Lo cual que estaba presente
el tío Roque de mi historia
y, escuchando atentamente,
recogió perfectamente
el concepto en su memoria.

Y al llegar otro periodo (1)
en el distrito citado,
pensó Roque hacer de modo
que, atropellando por todo,
le eligieran diputado.

(1)   Electoral, se entiende.

Blandiendo la carabina
montó el tio Roque, ligero,
en su mula *Tagardina*,
y se dirigió á Medina
para comprar un puchero.

Volvió á la tarde siguiente
(si yo no recuerdo mal)
y atropellando á la gente,
se encaminó diligente
á un colegio electoral.

Con el cuadrúpedo entró,
por todos siendo admirado,
allí el puchero arrojó
y al mismo tiempo gritó:
—Zeñores, soy deputado.

¡ESTOS TENORIOS!.....

—Adios, Pepe.

        —Adios, Andrés.

—No pasan años por tí.
¿Cuándo naciste?...

        —Nací...

—¿Acaso el cincuenta y tres?

—Hoy es cuando me he nacido,
según la frase vulgar.
—Cuenta.

      —Te voy á contar
todo lo que ha sucedido:

Para que viese Enriqueta
que agradarla es mi deseo,
hoy quise dar un paseo
caballero en bicicleta.

Debajo de su balcón
demostré mi agilidad,
¡pero qué barbaridad,
nada, que he sido un melón!

—¿Te caiste al suelo?
                    —No tal;
el marido de Enriqueta,
tirándome una maceta
me fracturó el parietal.

—¿Y qué hiciste?
                    —Si no corro
me hace chispitas, Andrés.
Gracias á mis buenos piés
fuí á la casa de socorro,

y ya en ella, un practicón
me puso con ligereza,
un vendaje en la cabeza
y un parche en la contusión.

Me preguntó cortésmente
cómo me causé la herida
y yo le dije enseguida:
«mire Vd., fué casualmente;»

pues si le llego á contar
la verdad de lo pasado,
hay partecito, juzgado,
juicio de faltas... ¡la mar!

—¡Ay, si te coje de lleno
la maceta!...
        —¡Vive Dios,
me parte por gala en dos!
—Huye del cercado ageno.

O logrará tu cinismo,
en otro caso fatal,
que en vez de algún parietal
te rompan...
        —¿El qué?
          —¡El bautismo!

¡OH, EL TECNICISMO!....

Lleno de aficion taurina
un niño entró de rondon
en una heredad vecina,
y con la roja boina
llamó á un toro la atención.

Quiso el toro arremeter,
sin que el silbido del amo
lo pudiese contener,
y el chico se dió á correr
con la rapidez del gamo.

El dueño empezó á gritar,
al ver más muerto que vivo
á aquel muchacho *volar:*
"Mira que te vá á pillar
si nó *tomas el olivo*"

El muchacho, á quien faltaba
resistencia, halló oportuno
lo que el amo aconsejaba,
pero por más que miraba
no encontraba un aceituno.

La pradera se extendia
salpicada de nogales,
que dulce viento mecía;
muchos árboles habia,
pero olivos ¡ni señales!...

Siendo *al tecnicismo* ageno,
creyó el muchacho en cuestión
que otro arbusto no era bueno,
y el toro ganó terreno
y dió al chico un revolcon.

———

Un inocente aforismo
me inspira el caso presente,
y hé de apuntarlo aquí mismo:
"no vale usar tecnicismo
cuando lo ignora el oyente.„

EL CANARIO

¡Pobre D.ª Bárbara, la esposa de D. Abundio Zarandillo, comandante retirado del cuerpo de alabarderos..... de teatros!....

En tiempos atrás, D. Abundio habia capitaneado la *claque* en los principales coliseos, y dicen que era una maravilla para provocar los aplausos.

Cuentan que en el estreno de un drama fúnebre, con epílogo horripilante, se quitó las botas y, dando suela con suela, armó una de aplausos que á poco más se abre un escotillon en el paraiso.

Pero desde que abandonó el arte, Abundio, que jamás habia nadado en la *abundancia*, mejoró de posición y empezó á comer caliente, gracias á un notario que le daba á copiar cinco pliegos al dia, imponiendole la obligacion de

14

lavarse bien la punta de la nariz, para que re-
sultara limpio el papel. Hay que advertir que
Abundio era muy corto de vista y aproximaba
demasiado la cara á la carpeta.

Zarandillo tenía muy mal genio, y cuando
venia de casa del notario se entretenía, ó en
pincharle las orejas á Bárbara, ó en empeñarle
los pendientes en una casa de préstamos contígua.

Tenian una niña, preciosa muchacha, que estaba frita con las cosas de su padre. Por que
Abundio habia prohibido solemnemente los
novios y tenia amenazada de muerte á Bárbara para que no los permitiera. Como que una
vez llegó á decirle:

—Mira, Bárbara; como yo sepa que le haces
capa á tu hija, voy á cometer una barbaridad.

—Pero hombre, contestó ella tímidamente.
No sé por qué te has de oponer...

—¿A qué?—preguntó él, mordiendose el dedo
gordo.

—A eso de la capa. ¿Hemos de privar á Polita de un abrigo?....

—Lo que te digo es, que no quiero osos.
¿Lo entiendes? Y Abundio echaba chispas por

los ojos.

Sin embargo, resultó al cabo, lo que habia de resultar forzosamente, que la niña se enamoró hasta el tuétano de un joven, hortera de nacimiento, que estaba colocado en un almacen de coloniales y géneros de punto.

Este chico, Clodomiro Ribete, natural de las Canarias, sintió tambien amor volcánico por la agraciada Polita, una noche en que ésta fué con su madre al establecimiento, á fin de comprar medio kilo de judias y tres onzas de polvo -ladrillo en barras, vulgo chocolate.

¡Y aquí fué Troya, cuando Zarandillo penetró algo de aquel secreto amoroso!

—Aquí huele á novio; decia Abundio olfateando á diestro y siniestro.

—Calmate, Zarandillo; le decía Bárbara. ¡Cómo es posible!...

—¡Y como yo le coja le hago cuartos! ..

Otras veces se escondia detrás de un tabique para sorprender las conversaciones que sostenian la madre y la hija; y mientras escuchaba el diálogo, se entretenia en sacarse la raya con el molinillo del chocolate.

En uno de estos acechos oyó decir á Bárbara:

—Hija mia, has tomado demasiado cariño al canario y las cosas es preciso empezarlas por poco.

—¡Qué quieres, mamita! Yo no puedo vivir sin el canario.

En esto se presentó Abundio en el centro de la habitacion, echando chispas, como quien dice.

—¿De qué se trata?...—preguntó con voz de trueno.

—Nada, hombre, no te alarmes. Es que tu hija está enamorada de un canario que tienen las de Pistolete.

—¿Y es macho el pájaro ese?

—Yo no lo sé, pero dicen que sí.

—Entonces tampoco lo consiento. La niña no ha de vivir dedicada más qué á zurcirme á mí los calcetines y á guisar arroz viudo, es de-cir, sin torreznos.

Al decir esto Zarandillo, Polita hizo dos ó tres mohines que querian decir:

—O lo otro.

Con efecto; una tarde, al volver Abundio de casa del notario, encontró á Bárbara hecha una Magdalena.

—¿Qué te pasa, *jinoja?*

A lo cual contestó la mujer del alabardero jubilado:

—Que la niña ha volado con el canario.

—¿Cómo? ¿Con el canario de las de Pistolete?

—No, con el hortera.

—Explícate, mastuerza ó te bailo un *pas á quatre* en la barriga.

—Serénate, hombre: es que Polita se ha fugado con un chico de Canarias, dejando esta carta para tí.

¿Creerán ustedes que Abundio se enfureció atrozmente?....

Pues no señor; á veces esos caracteres pierden su vigor en un momento dado.

Abundio se desmayó, como un colegial, cayendo desplomado sobre el sombrero, ¡que no hay que decir cómo salió de la refriega!...

EL HERBOLARIO

Conozco yo á un herbolario
que se llama D. Hilario,
un hombre que el seso pierde
y hasta se vuelve ordinario
cuando le tocan *al verde*.

De este sábio original
es el entusiasmo tal,
que entre la alfalfa se mete,
ó se mete en un zarzal. ..
y se hace en la ropa un siete.

¿Y para qué?... Para nada,
que al cabo de la jornada
(y esto es lo que me sofoca)
pensando que es ignorada
recoje una malva loca.

Por su conducta le riño,
que esas son cosas de niño
y enmendarle es mi interés.
¡Si hasta le toma cariño
á las *plantas*... de los piés!

Una vez le hallé enfadado
y, poniéndome en cuidado,
le pregunté: "¿qué le pasa,
qué *mala yerba* ha pisado?...
¡y á poco me echa de casa!

¿Quereis que él hable de historia?
¡Cah! su ignorancia es notoria
y no lo conseguirán:
¡solo tiene en la memoria
la *hoja de parra* de Adan.

Se marcha al amanecer,
y se viene á recojer
á la siguiente mañana,
y vive con su mujer...
por llamarse *Valeriana*.

A las raices venera
y estudiandolas, espera

pasar sus años felices;
¡y el hombre *planta* á cualquiera
 si le toca á las raices.

Es mucha la chifladura
que tiene por la verdura
este herbolario incivil;
para él no hay mayor ventura
que comerse el peregil.

¡Ah! Si Dios no lo remedia,
con la aficion que le asedia
de fijo el cerebro pierde:
¡si hasta silba una comedia
sino es del *género verde!..*

Inconsecuencia política

En el rincon de un salon
de cierto hermoso casino,
todas las noches Trifino
promueve una discusion.

Su vocejon le acredita
y á su vocejon recurre,
que en los circulos ocurre
que se impone el que más grita.

Algunos amigos, van
y se colocan enfrente
de Trifino, expresamente
para oir al charlatan.

Hablando, siempre es el mismo,
á mí no me satisface;

15

¿y accionando? ¡se deshace!..,
todo por puro efectismo.

Yo siento que sea tan vano,
por que al mudar de camisa
ya sé el terreno que pisa:
el campo republicano.

No hace mucho, declaró
la guerra á la monarquía,
mas lo dijo su teoria,
por que sus acciones, nó.

Una noche en el casino
se excedió en su conferencia,
¡y dijo cada imprudencia!
¡y habló cada desatino!...

Por ejemplo: que el poder
republicano, algun dia
cargos públicos daria
de importancia, á la mujer;

y que cuatro matrimonios
haría cada ciudadano;

¡que es como dar un cristiano
el alma á cuatro demonios!

Pues bien, el joven Trifino
ha pocas noches decia:
"perezca la monarquia
en aras de su destino.

Democráticas legiones,
del rey quebranten el puesto,
por que el monarca es funesto
para todas las naciones."

Un aplauso prolongado
se le tributó al instante
á aquel orador pedante,
que se marchó emocionado,

y se *coló* sin sentir
en cercana habitacion;
¿y á qué se fué á tal salon?
pues se fué.... á verlas venir.

Tal vez, harto de explorar
el político horizonte,

ansiara explorar el monte,
¡el monte, juego de azar!

De *puntos* en tal reunion
llegó á *punto* D Trifino,
que era un *punto filipino*......;
¡y basta de puntuacion!

Sin aparente interés
puso en el paño el dinero,
á un rey de copas primero,
á un rey de bastos despues.

Fueron los reyes leales
con aquel republicano,
y desbancó en la otra mano
¡y desbancó con diez reales!...

Jugador de buena ley,
al rey le cobró aficion
y yendo al primer salon
dijo á todos: «¡Viva el rey!»

—

Político que improvisa
su fé, como D. Trifino,
por un interés mezquino
suele mudar de camisa.

EL NUDO

Ella en un cuarto piso
　y él en la calle,
hablan de sus amores
　todas las tardes.

Y para que la gente
　no escuche nada,
ella tira un canuto
　de hoja de lata.

Un canuto que tiene,
　solo en un lado,
una tapa de cuero
　y un hilo blanco.

Aquel hilo termina
　en otro objeto,

de la misma hojalata
y el mismo cuero.

Y Julita se queda
con un canuto,
y el otro lo recoje
su amante Bruno.

(No es preciso decirte,
lector amado,
que un teléfono, es este
pobre aparato.)

Por aquel hilo blanco,
sencilla escala,
juramentos de amores
suben y bajan.

Las curiosas vecinas,
siempre se enteran
de todo cuanto dice
la niña bella.

Y las gentes que pasan
junto al amante,

oyen lo que este dice
desde la calle.

Lo cual hace que digan
los enterados:
«¡para qué diablos usan
el aparato!»

Cuando con más empeño
los novios hablan,
un chico, que no debe
tener entrañas,

desde un cuarto segundo
la mano asoma
y, con unas tijeras,
el hilo corta.

Y dos pájaros mata
de un solo tiro;
quiero decir, que el joven
corta dos hilos:

el uno, el hilo blanco
que ya conoces;

y el otro, el de las gratas
  conversaciones.

Y aunque le echen un nudo,
  de nada sirve,
que otra vez la tijera
  lo subdivide.

Colérico el amante
  dijo una noche:
«¿No hay nudo que proteja
  nuestros amores?»

Y la *cándida* niña
  dijo á su novio:
«para ñudo, no hay nudo
  · como el casorio.»

HERÁLDICA

¡Orosio Tarugo!...

No hubo quien le aventajara en *eso* de descubrir genealogias, y en guisar espárragos con vino generoso, segun la receta de uno de nuestros más reputados cocineros.

Ninguno como Orosio Tarugo para esas cosas, que constituían el principal encanto de su existencia.

Tarugo habíase propuesto publicar una obra titulada «Historia de la nobleza oculta,» cuyos ejemplares tenia la esperanza *de colocar* en el ministerio de Fomento.

Desde *punto y hora* que imaginó la fatal idea emprendió, con más empeño que nunca, las investigaciones necesarias al objeto.

Lo primero que hizo fué buscar un libro rayado, para anotar en él los muchos datos que

16

habia de reunir. Entró, pues, en un comercio y eligió un cuaderno á su gusto.

—¿Cuánto vale?

—Un escudo; respondió el dependiente.

—¿Cómo, un escudo?... ¿A ver? Expliqueme Vd. por Dios lo que significa eso.

—Pues, hombre; contestó sonriendose el hortera: quiero decir, que le cuesta á Vd. el libro una moneda de diez reales, ó sea un escudo.

—¡Ah, ya!—dijo Tarugo.—Yo creí que Vd. era noble.

—¿Eh?—interrogó el comerciante, frunciendo el entrecejo: ¡sí señor que lo soy!... Más noble que un perro.

—¿Pero usted tiene sangre azul?...

—Vamos, este hombre está tísico de la mente. Yo tengo la sangre colorada, pero cuando se burlan de mí se me pone negra.

Dijo el hortera y arremetió contra Tarugo, que á poco más sale de la tienda con un *puño en rostro*.

¡Y qué diré de las *latas* que Orosio le hizo sufrir á su pupilera, D.ª Quintina Cortés!

—Nada, D.ª Quintina, usted debe ser descendiente del conquistador de México, por que usted es Cortés....

—Bueno, D. Orosio, á mí me deja usted de zoflamerías, por que le doy un mamporro en menos que canta un gallo.

— ¡Pero, señora, si es usted Cortés!...

—No le hace: ya sabe usted que lo cortés no quita lo valiente.

—Vamos, sea usted razonable, D.ª Quintina; no se trata más que de formarle á usted el árbol....

—A mí me deja usted de cosas.

—Pero el arbol...

—Mire usted que yo no me ando por las ramas......del arbol y le suprimo á usted el principio y le mermo el fin, es decir los postres de la comida.

—Sí, ya sé que todas las preferencias de usted son para el huesped del número 2.

—Como que D. Anacleto Guevara es un verdadero justo.

—Y á propósito;—interrogó Tarugo, como asaltado de repente por una idea: ¿usted sabe si ese señor es Guevara á secas?

—¡Vaya usted al demonio!...

—Contésteme usted por Dios.

—Yo que sé; pregúnteselo usted á él mismo.

Con efecto, Orosio se dirijió al cuarto de D. Anacleto, á quien preguntó *ipso facto:*

—¿Usted es Ladron?...

No acabó de decirlo: el pupilo del número 2 le arrojó á la cabeza una lendrera de cuerno, que tenia en la mano, haciendole un chichon del tamaño de un queso de bola.

—Pero, por Dios, decia en tono suplicante el infeliz Tarugo: si lo que yo deseo es saber si usted es Ladron..... de Guevara.

En vista de que las investigaciones le habian proporcionado graves disgustos, Orosio decidió retirarse á la vida privada.

—Escribiré únicamente—se dijo—la historia de mis abuelos.

Empezó, pues, por formar el escudo de sus antecesores, á los que elogiaba como conquistadores de Mula, asignandoles un solo cuartel, mayor que el de San Gil, y una corneja rampante en campo de almazarron, ó de gules como él decia.

Pero cuando el regocijo de Tarugo rayó en locura fué cuando recibió, cierta mañana, una tarjeta que decia lo siguiente:

Uniendo el nombre con el apellido, obtuvo la palabra *blason*.

—Nada, se dijo; este es algun noble ignorado, que viene á darme razon de sus timbres. Que pase ese caballero inmediatamente.

Presentósele al punto un joven poco aseado y vestido con ropa deteriorada.

—Caballero, dijo el visitante: yo desciendo de una familia noble. Las circunstancias me han hecho venir á menos y.....

—Sı, vamos. Desea usted que le incluya en mi *Historia de la nobleza*.

—Diré á usted: yo no quiero meterme en historias.

—¿Pero sus armas de usted cuáles son?

—Ningunas, caballero. Como no se refiera usted al *sable*.... Por que, francamente, yo vengo á ver si me dá usted dos pesetas para café y tabaco.

TRAGE COMPLETO

Un tal Domingo Cebreros,
que presume de escritor,
se encontraba, en el rigor
de las nieves, casi encueros.

Sufriendo mil tiritones
le ví cómo hablaba á todos,
de los *sietes* de los codos,
del rasgon de los calzones.

Viniendo á decir, en suma,
que en tan triste situacion
buscaba una suscripcion
entre la *gente de pluma.*

—Hombre-le hubo de decir
uno que estaba presente.—

Cuatro, de esa misma *gente*,
tal vez te puedan vestir.

Tú los debes abordar,
por que es preciso que entiendas,
que pueden de varias *prendas*
regalarte *un ejemplar*.

Al empezar tus gestiones
busca á Barranco, primero,
y con tono lastimero
le pides *Los pantalones*.

In continenti, visita
á D. Enrique Gaspar,
á quien debes suplicar
que te ceda *La levita*.

Vistos Gaspar y Barranco,
y siguiendo en tu excursion,
dile á Ramos Carrion
que te dé *El chaleco blanco*.

Y completarás la ropa
que tu pobreza disfraza,
si logras que Vital Aza
te dé *El sombrero de copa*.

GEOGRAFIA

En un centro docente que existia
más que en una ciudad, en un poblacho,
un borracho explicaba geografia;
que lo docto no quita lo borracho.
Y aunque le esté prohibido
dar lecciones á un hombre sin sentido,
aquel hombre de todo se burlaba
y lo arrollaba todo,
siendo triste el ejemplo que brillaba
en el áula del dómine beodo.
Ved cómo en cierto dia
explicó á sus alumnos geografía:
"Chiton, que voy á hablar: (soltando un taco)
¡por vida del dios Baco!
he dicho que á callar: (y nadie hablaba)
Pues... bien: dejando atrás otras lecciones....
¿A ver? ¿Quién hace el gallo? ¡Majadero;

17

cortar la explicacion, cuando pensaba
enumerar diversas poblaciones
que son la admiración del mundo entero!

—

¡Nada como *Jerez*, como *Madera*,
como *Oporto* y *Yunquera*,
que forman la terrestre maravilla
y cautivan del hombre los deseos,
con *Ojen* y *Montilla*,
con *Valdepeñas, Málaga* y *Burdeos!*
No hay ciudades mejores,
citad una, señores.
¿Ha dado tantas gracias el destino
á las que no he nombrado?...
No; que en estas comarcas que he citado
brotan torrentes de oloroso vino.
Cualquiera que citeis; citad cualquiera....
¿Quién imita al rocin?... ¡Si yo supiera! ..
Un alumno atrevido
levantóse del banco, decidido
y "Señor profesor; dijo al instante.
Verá vuestra merced si he comprendido
y merezco el laurel del estudiante.
No hay de esas poblaciones que nos pinta
ninguna tan distinta

como una gran ciudad, y esa es Venecia.
Tal vez mi explicacion resulte nécia,
mas si fragua mi labio con buen tino
este concepto que mi mente fragua,
podré dar á entender lo que imagino:
que en los pueblos citados, todo es vino
y en Venecia, señores, todo es agua.

RESERVADO

Sin *andarse* con rodeos
Gil, un *punto filipino*,
en cuanto coje á un vecino
le cuenta sus devaneos.

Y es costumbre inveterada,
que por observar delira,
inventar una mentira
en el filo de una espada.

Así, pues, miente tan fresco,
aunque es mentir un delito,
y se enaltece el maldito
como un héroe novelesco.

Cuando en la historia ha mezclado
el nombre de una muger,

dice: "me callo, por ser
con las damas reservado."

Habla de otra el majadero,
pues no se calla jamás,
y dice al fin: "lo demas
lo reserva un caballero."

Murmura de quien yo sé
y al punto, dice al amigo:
"lo que falta, y no lo digo,
siempre lo reservaré."

Cuenta despues, que le ha dado
cierta cantatriz un beso,
y dice: "basta con eso;
lo demás es reservado."

¡Reservar!... Ese no es modo
de hacerlo, si se examina
que corre Gil la cortina...
cuando ya se ha visto todo.

Pues descubre á todas horas
á las damas este atun,
¿por qué ha de decir que es un
"reservado de señoras?"

LA RETORTA

Gedeon es un melon,
y esto pudo comprobarse
la vez que fué á examinarse
de química Gedeon.

Se presentó al tribunal,
que á tantos lelos soporta,
y dijo que la *retorta*
era un dulce musical.

Al oir la explicacion,
la gentes allí presentes
se rieron, como gentes
que asisten á una funcion.

—Vamos á ver si se corta:
que explique—dijo un vocal—
por qué es dulce musical.
—Por lo de *re* y lo de *torta*.

ALAS.

Cierta vez un sombrerero
á sus amigos decia:
—Con qué gusto *volaria*,
en torno del mundo entero.

¡Si yo pudiera cruzar
de otros paises la senda!..
Pero no puedo; mi tienda
no me permite volar.

Entonces mi amigo Salas
le replicó al sombrerero
—¿Teniendo tanto sombrero:
va usted á llorar por *alas?*...

NÁUTICA

Gedeon, caro lector,
es un hombre de cachaza;
le dan una calabaza...
de las de marca mayor;

entérase del dictámen,
con aparente frescura,
y elige otra asignatura
y otra vez pide un exámen.

¡Como que tiene hecho voto
de acabar una carrera,
y en esta ocasion, espera
terminar la de piloto!

Para conseguir su fin,
se hace al tribunal presente,

y al decirle el presidente
—Vamos, ¿qué es un bergantin?...

Gedeon piensa un instante
y luego responde altivo:
—¿Bergantin?... Diminutivo
de la palabra *bergante*.

EL ITALIANO

Hace pocas noches fué presentado, en casa de las de Pelotillo, un joven lánguido, y en extremo amable.

Lo llevó, como quien dice, el antiguo amigo *de la casa* Alfonsito Revenga, estudiante de derecho, que no anda tan derecho como desea su padre.

Verle entrar las tres niñas de Pelotillo, y enamorarse de la agraciada fisonomia y del buen pelo del muchacho, todo fué uno.

Por cierto que el presentado no entró con buen pié en la sala, por que metió el izquierdo en un rasgon de la estera y por poco besa, de veras, los pies de las niñas de la casa.

La viuda de Pelotillo y sus tres ángeles recibieron á Bernardini—que así se llama el joven del pelo largo—con la mayor cortesia y revelando en sus respectivos semblantes una dulce satisfaccion, solo comparable á la que se experimenta cuando puede *uno* burlar al casero.

En cuanto las niñas de Pelotillo advirtieron que Bernardini champurraba el castellano, preguntaron a Alfonsito si el visitante era de extranjis.

—Sí, señoras; mi amigo ha nacido en la poética ciudad de las lagunas.

—Ya; dijeron ellas aparentando quedar enteradas.

—Ah, sí, signorinas, io sonno italiano: añadió Bernardini.

¡Italiano!—exclamó D.ª Marcelina.—Pues si nosotras *nos perdemos* por todo lo de allá. Mire usted, desde que vimos, hace pocas noches, *El Duo de la Africana*, mis hijas no hacen más que cantar con desesperación y comer macarrones, para que se les pegue el aire de la tierrra.

—¡Oh, mio Dio!...—dijo el italiano poniendo los ojos de besugo.

—Tambien, tambien dicen eso mis niñas. Sobre todo la Antera, mi hija menor, que es un portento para hablar en griego. ¡Como que tiene una lengua!... Niña, enséñale la lengua á este señor.

La visita de Bernardini duró poco tiempo. Una hora despues, Revenga y su amigo se despedian de las de Pelotillo y bajaban las escaleras de la casa, sin poder contener la risa.

—Mira, Bernardo; le dijo Alfonsito al italiano.... de pega, que era catalan: como esta gente descubra el embuste, soy perdido.

—No, tú *eres perdido* sin necesidad de eso.

—Te suplico que no te descubras jamás y que sostengas el carácter lo más posible.

—Descuida, no me pelaré por ahora, para sostener el carácter, como tú dices.

En tanto, las chicas de Pelotillo discutian acerca de la autenticidad del italiano.

—A mí no me cabe duda;—decia D.ª Marcelina.

—Pues á mí me parece un pez el tal Bernardini; argüía Teodorita.

—Calla, muger; decia Felipa ¿No le has visto la coleta?.... Además, yo le he estado observando mucho y *el tal* no ha hecho más que rascarse la oreja derecha, disimuladamente.

—¡Oh, qué idea!...; exclamó D.ª Marcelina tirandose al suelo.

—Vamos á ver; dijo *la* Antera.

—¿Recuerdan ustedes á aquel chico catalan que vivió en la bohardilla?...

—Sí, aquel que se lavaba los ojos con café con leche.

—El mismo.

—Que daba lecciones de idiomas.

—Exactamente. Pues bien; añadió la mamá. Vamos á hacerle venir mañana por la noche, para que charle con Bernardini y pueda apreciar la verdad del caso

—-Perfectamente, dijeron los *angeles* de Pelotillo.

Y, con efecto, lograron que el maestro de lenguas acudiera á la cita, mediante una tarjeta expresiva que D.ª Marcelina le envió con el aguador.

Por fin vinieron Revenga y su amigo Bernardini, ó Bernardo (puesto que nosotros estamos en el secreto.)

A todo esto, el profesor de idiomas estaba escondido, aguardando la señal de la viuda para caer, como una bomba, en la estancia.

Antes de lo acordado, por virtud de causas naturales que no son del caso, D ª Marcelina estornudó ruidosamente y, enseguida, apareció el maestro de lenguas, al cual fué presentado Bernardini por la señora de la casa.

¡Hola! (dijo el profesor) ¿Ets tú l' italiá?... ¡Ah, pillet!

—Per Deu, no mi descubreixis.

—Está bé; donches feste rapár.

Lo cual equivalia á decir: "¿Eres tú el italiano? ¡Ah tunante!" "No me descubras por Dios." "Bueno, no te descubriré, pero pélate."

Al escuchar el diálogo las niñas se quedaron satisfechas.

—¡Era italiano!... murmuró D.ª Marcelina.

—¡Era italiano!... dijeron las niñas, por lo bajo.

Y desde aquella noche, cada una de las jóvenes de Pelotillo soñó ser la esposa de Bernardini, al cual pretendian confundir á fuerza de suspiros y miradas de pavo espirante.

Pero como "en todo se puede hallar término y *término inmundo*" á Bernardini le cayó una enfermedad en el cuero cabelludo y tuvo que cortarse la coleta...

Es decir, que el término fué *inmundo* de verdad.

Y las niñas de Pelotillo se hartaron de comer macarrones... sin fruto, como quien dice.

Por que Bernardo y su amigo, se enamoraron rendidamente de dos hermanas, hijas de un sastre que tocaba perfectamente la cítara, valiendose de la púa de un peine... ó de una moneda, que pedía á sus futuros yernos y se olvidaba de devolverles.

——

No quiero terminar estos apuntes sin descargar de un peso mi conciencia:

Las palabras en dialecto catalan, que forman parte de este articulejo, me las ha escrito un amigo mio, natural de Martorell, que es dueño de una fábrica de chocolates, á brazo, y de otra de alpargatas... ¡á brazo también!...

El bordon del peregrino

Valdecarra es un pueblo chiquito,
levantado en risueña extensión,
y su alcalde es un hombre bendito
    que tiene *el prurito*
    de ser *un melon*.

Cuando el trigo se siega y se trilla
toman todos allí un dineral;
y la gente que puebla la villa
    es gente sencilla
    y honrada y cabal.

Solo el pueblo no está satisfecho,
por que el pueblo no ofrece interés;
y allí sacan de todo provecho,
    y hablando de un hecho
    se pasan un mes.

Hace poco cruzó un peregrino
por la senda que va al pueblo aquel
y salió el vecindario al camino,
     y no hubo vecino
     que no hablara de él.

El alcalde, que estaba acostado,
no llegó el peregrino á mirar
y á su pueblo encontró alborotado
     cuando hubo cesado
     de tanto roncar.

—Que me cuenten el caso al instante,
dijo al pueblo el alcalde ramplon;
y enseguida contó un circunstante
     que aquel caminante
     llevaba un bordon.

—¿Un bordon?... preguntó sonriente
el alcalde que ya os describi,
y añadió: yo no he visto una gente
     que sea *mayormente*
     como es la de aquí.

19

Sepa el pueblo, que el caso que narra,
no merece á mi juicio objecion:
"el viajero que vió Valdecarra
    será una guitarra...
    si lleva un bordon."

PASTELERIA

Jamona de corazon
que es soltera y no quisiera
pasar la vida soltera,
es un *pastel de jamon.*

Hombre que con tierno afan
sobrelleva cualquier cosa
que no debe hacer su esposa,
es un puro *mazapan.*

Joven que en cualquier *pamema*
gasta una suma importante,
con tal de ser elegante,
resulta *pastel de crema.*

Marido recien-casado,
que al *debutar* como esposo

es un hombre empalagoso,
me parece un *mantecado*.

Pollo de apariencia fina,
por lo galante cargante,
se llama pollo galante
y es un *pollo en galantina*.

Político que es infiel
al partido que le ha dado
el nombre de diputado,
¡ese sí que es un *pastel!*...

¡BUENO ESTÁ EL TEATRO!

¡Saque usted tiples ligeras,
con voz de precioso timbre,
que tengan piernas de mimbre
ó tengan pocas caderas!...
      ¡Qué bobada!
      ¡se pierde la temporada!

Una tiple ha de reunir
como condicion primera
la de ser tiple ligera,
muy ligera.... en el vestir.
      ¡No es bobada;
      se gana la temporada!

¡Pues y las frases!.. ¡Qué susto
suelen llevar más de cuatro
niñas que van al teatro
y oyen frases de mal gusto!...
      No es mentira:
      ¡pero nadie se retira!

El *arte moderno*, fiel
al plan que su credo exije,
hará que pronto se fije
al público este cartel:

TEATRO DE VILLATONTIN

EXTRAORDINARIA FUNCION

(Mejor dicho, exhibicion
desde el principio hasta el fin)

1.°   La bufonada,

LAS COLEGIALAS SENCILLAS

La tiple sale escotada
    y luce las pantorrillas.

2.°

EL CUERNO DE UN TORO

Salen chulos y toreros
y aparecen, casi encueros,
todas las *chicas* del coro.

3.°   **EL TRAGE DE ADAN**

o

LAS NIÑAS RETRECHERAS.

Se dirán frases groseras,
    y se bailará el can-can.

Quid pro quo

Primo, muchacho decente
que aunque su nombre te asombre
ese es, por cierto, su nombre,
tiene á su futura ausente.

La novia, Pomposa Alfaro,
es una chica preciosa,
y *aunque* se llama Pomposa,
nombre que tambien es raro,

marchó á Feria, triste y seria
causando su desventura
su ausencia en Extremadura,
region en que existe Feria.

Allí penetró sin calma,
repitiendo entristecida:

"¡Ay mi Primo de mi vida!"
"¡ay mi Primo de mi alma!"

Lo cual oyó cierto dia
un primo que tiene allí
y se dijo: "está por mí;
pobre Pomposa, ya es mia."

Buscó, pues, una ocasion,
se hizo presente á la bella
y se puso á hablar con ella
sin aparente intencion.

—Vamos á ver, prima mia:
¿por qué suspiras?
                —Por nada.
—Mira que es una *primada.*
andar con hipocresia.

Cuando una muchacha llora,
siente amor; esta es la clave.
Y..., vamos prima, ¡quién sabe
si el que tú quieres te adora!

Y si hoy no se arroja loco
de amor, besando tus pies,

tal vez se arroje despues...
(La haremos sufrir un poco)

—Pero hombre....
            —No hay quien me venza
en esto de descubrir...
Vaya, te voy á decir
que *le* adoras.
            —¡¡Qué vergüenza!!

Tu pecho, á menudo exhala
un doloroso suspiro;
¡y es que el amor es un tiro
que deja dentro la bala!

Ya ves cómo me aproximo
al secreto, prima mia;
cese tu melancolía
y vive para tu primo.

—Pues bien, lo confieso, sí,
ese Primo... me ilusiona.
—¡Pue mírame, remonona
muerto de amores por tí!

20

Al decir esto el pariente,
comprendiendo el *quid pro quo*
Pomposita se rió
á mandíbula batiente.

Y habló despues:—Yo te estimo
como primo nada más.
—¿Pero no dices que estás
muerta de amor por tu primo?

—Veo que no has dado en el quid
y hay para reir materia:
tú eres el primo de Feria;
el otro... es el de Madrid.

Y no es mi manga tan ancha
que á dos le otorgue mi fé;
con que ya sabes.
              —Ya sé...
que me he tirado *una plancha*.

SE RIFA

Entre las costumbres perniciosas figura en primera linea, sin ningun *género* de duda, como dicen los oradores que conocen el paño, es decir el género, la maldita costumbre de rifar objetos entre los amigos.

Sablazo *fin de siécle*, como lo llama un conocido mio, comerciante en piel de perra mártir, llega á los lugares más recónditos, hasta penetrar en el bolsillo, lugar aún más sagrado que el sagrado de las intenciones.

Es lo que decia D. Teófilo Rasqueta:

—A lo mejor cree uno que se trata de rifar un reloj de oro, cuando lo que se rifa es una levita calva, ó sea con poco pelo.

Algunos lotes son curiosísimos. A mí me obligaron á comprar, una vez, seis papeletas correspondientes á una lata de atun en escabeche y una palmatoria de barro.

Tuve la suerte de que me tocara el premio, pero no conseguí que me entregasen la palmatoria; lo único que me dieron fué *la lata*, pues me hicieron ir *un* porcion de veces á recojer dichos objetos, sin que pudiera obtenerlos.

Les digo á ustedes que *esto* de las rifas pone nervioso á cualquiera: á lo mejor vá usted por la calle tan tranquilo y se le interpone un sujeto que, á boca de jarro, le suelta la siguiente pregunta:

—¿Cuántas papeletas quiere usted? Mire usted que llevo de diferentes colores. ¿Las quiere usted amarillas ó coloradas?...

Usted, que profesa el principio de que más vale ponerse una vez colorado que ciento amarillo, le dice al importuno:—¡Imprudente!..... Déjeme usted pasar. Yo no quiero rifas, yo no quiero nada. ¡Habrá tipo?...

Y el tipo se guarda sus papeles y hasta le insulta á V. diciendo:

—¡Es un animal!... Debí ofrecerle las verdes....

Se dá el caso de poner á la venta un mi-

llon de papeletas, á veinte y cinco céntimos
cada una, ofreciendose el sorteo de una capa,
con vueltas de crudillo color de tórtola ané-
mica.

Pero cuando llega el invierno ve usted al
de la rifa tomando el sol, en la Puerta del idem,
con la capa de marras puesta sobre los hom-
bros.

Se acerca usted al *punto* y le dice:

—Hombre ¿esta es la capa que se rifa?..

Y como es invierno, le responde á usted con
la mayor *frescura.*

—Se rifaba; por que, celebrado el sorteo,
me ha correspondido á mí nuevamente.

Y vuelve las espaldas, tarareando el himno
de Riego, para ponerle á usted en el caso de
decir:

—¡Viva la libertad!

Las rifas dan ocasion á chascos de índole es-
pecialísima.

En casa de D.ª Paca Tragante se organizó el
año pasado la rifa de un alfiler de pecho, re-
presentando un vencejo furioso, en el momento de deglutir un cigarron inocente.

Llegó la hora del sorteo y D.ª Paca, que

tiene un verdadero empacho de rectitud, se empeñó en hacerlo todo con la mayor legalidad.

Pero faltaba un bombo para traquetear los números.

—Oiga usted, Valentin, le dijo á un pollo que asistia á la reunion: bien podia usted hacer la bondad de ir ahí enfrente, cuarto tercero de la derecha, y pedir de mi parte el bombo.

—Estoy á sus órdenes; dijo Valentin y salió apresuradamente de la estancia.

Pero tuvo la desgracia de cambiar de piso y llegó al segundo, en que vivia un señor estremadamente obeso.

—Vengo por el bombo-dijo Valentinito, ahogado por la emocion y por la subida.

D. Pio, que sí se llamaba el hombre gordo, creyó que el joven Valentin trataba de burlarse de su abdomen y entró por una estaca.

—¡¡Vaya!!-exclamó D. Pio sacudiendo un garrotazo á Valentin.

Y este bajó las escaleras, como alma que lleva el diablo, renegando de los bombos y de las rifas, en términos que no nos es dado reproducir.

DE GABINA

D. Gabino es un señor
que la pena negra pasa,
por que vé que no se casa
Gabina, su hija mayor.

Esperanzas halagüeñas
tuvo, de haberla casado,
pues habiendo *colocado*
ha poco á las dos pequeñas,

se dijo:—¿No habrá persona
que cargue con la mayor,
cuando no hay carne mejor
que la carne de jamona?

Pero Gabina no es bella
y de la edad pasa un poco,

así pues hay que estar loco
para atreverse con ella.

Y el padre dice:—No hay hombre
de quien no esté enamorada,
mas nadie le dice nada
en cuanto sabe su nombre.

Las otras tardes, pasó
al cuarto de D. Gabino
la señora de un vecino,
que á visitarle llegó.

Y D. Gabino en persona,
á la vecina contaba
los deseos que abrigaba
de salir de su jamona.

Y dijo anegado en llanto:
—¡Cuándo saldré *de Gabina*!...
Y respondió la vecina:
—Salga usted... el jueves santo.

JULIO Y AGOSTO

Es Amalia Cenojil
una muchacha soltera,
con un frente, una trasera
¡y, sobre todo, un perfil!...

¿Quién al verla no se turba?
¿Quién no pierde su entereza
al mirar tanta belleza,
al ver tanta línea curva?

Esta Amalia, tiene amores
con Julito, labrador
sin duda alguna, el mejor
de todos los labradores.

Joven de virtud eximia,
siempre en el campo *metido*,

21

desposarse ha prometido
cuando llegue la vendimia;

pues cuando el verano llega
el buen Julio gana tanto,
que es un verdadero encanto
descender á su bodega.

Allí, lector, á tu antojo
tendrás el vino que exijas,
pues si rompen las vasijas
se vuelve aquello un *mar rojo*.

Rojo he dicho: ¡no que no!
como que el vino que encierra
Julio, es vino de su tierra,
es decir, vino *carló*.

A Julio, pues, le consuela
estar pensando en Agosto,
época de hacer el mosto
segun dice una zarzuela.

Porque en Agosto, hallará
el dinero suficiente

y en Agosto, fijamente,
con Amalia casará,

y una boda á todo costo
sufragará su peculio:
¡por donde se vé, que á Julio
vá á hacerlo felíz..... Agosto!...

El Arca de Noè

Hay quien critica á Noé
¡es gana de criticar!
por que no debió salvar
á los bichos que diré.

Mi pluma debe ser parca,
tratando á todos iguales,
pero ¡cuántos animales
no fueron dignos del arca!

Razonaré lo que opino
interrogando primero:
¿debió entrar el usurero,
que es un animal dañino?

¿Y el *gallo*, á quien se le vé
de Tenorio á los *cincuenta*?...

¿Y los *pájaros de cuenta*,
debió guardarlos Noé?

El patriarca, salvó
á todo *bicho viviente*;
¡hasta al murguista imprudente,
hasta al casero libró!

Y guardó, mientras caía
agua abundante del cielo,
palomas... de bajo vuelo,
y ratas... de *La Gran Via.*

Pero es lo que digo yo,
aunque me llamen osado:
debió salvar al lenguado,
pero al des-lenguado, nó.

Y despues ¡esta es más negra!
si salvó al *pollo....* pedante
¿no le pareció bastante
y nos reservó á la suegra?...

Pero siguiendo la lista,
aunque su lectura enfada,

¿por qué libró al pez-espada,
quiero decir, al *sablista?*

Nada, que estuvo ligero
en sus ánsias patriarcales;
¡pues no salvó á los curiales,
pájaros de mal agüero!

Por estas cosas, yo sé
que más de un chusco critica
(lo que en un chusco se explica)
¡hasta al arca de Noé!...

Semi-séria.

I

Era D. Jorge Rico
hacendado òpulento de la corte
que tomó, al heredar á su consorte
dos millones y pico,
segun dice la gente
que lo debe saber perfectamente.
D. Jorge siempre estaba
cuidando de su hacienda noche y dia,
á todos su deudores perseguia
y las deudas cobraba
mostrandose inflexible y majadero
en todas las cuestiones de dinero.
Cuando algun inquilino
le dejaba á deber una mesada,
ya estaba el acreedor fuera de tino

y bufaba mostrando su entereza
y lanzaba improperios al destino,
cual si hubiera perdido la cabeza.
—¡Pobre de mí, decia;
me roban el dinero estos ladrones
y se quieren comer la hacienda mia;
¡y luego, pague usted contribuciones
y abone sin ambajes
los gastos de albañiles y otros gajes!...
¡Chupe, chupe el erario
la sangre del imbécil propietario,
que echa cuentas galanas
comprando fincas rústicas y urbanas'...

II

En mísera bohardilla
de una calle apartada de la villa,
moraba un pobre anciano
con una niña hermosa:
eran Rosa y su padre Mariano
¡y en verdad que la Rosa era una rosa! ..
Ya dos meses hacía
que el viejo no podia
pagar el miserable arrendamiento

del mezquino local en que habitaba;
y cuando allí subia
el rico propietario de mi cuento,
gritaba y maldecia
al ver que su dinero se eclipsaba.
—¡Ya todo se acabó; dijo iracundo
una vez fué allí. Cada inquilino,
siguiendo este camino,
logrará que me vaya de este mundo!...
Quien no tenga dinero
y no pueda vivir bajo techado,
viva enmedio del Prado,
donde no hay que soñar con el casero.
¡Si me van á matar á sofocones!...
¡Y luego... pague usted contribuciones!
—D. Jorge; dijo Rosa
con acento de miel; yo le suplico
nos espere siquiera una semana;
hoy nuestra situacion es horrorosa,
y usted que es hombre rico,
nos pudiera ayudar.
                        —No me dá gana,
el casero gritó como una furia;
si no pagan al punto,
entregaré á la curia

22

este enojoso asunto
y el juzgado vendrá inmediatamente
y les pondrá en mitad de la corriente.
—Tenga usted indulgencia,
dijo el padre de Rosa humildemente.
—¡Acabarán los dos con mi paciencia;
á ustedes les parece muy sencillo
eso de hacer favores,
que van en menoscabo del bolsillo.
—Espérenos por Dios.
     —No me es posible.
— ¡Ayude á la indigencia!
—¡Ayudar!—dijo ya en los corredores
el Rico despiadado.
—¡Indulgencia, indulgencia!..
—¿No me quieren pagar? vendrá el juzgado.

III

Pues al siguiente dia
á D. Jorge asaltó una pulmonia,
y le asaltó de suerte
que en diez horas no más, halló la muerte.
Doblaron las campanas
por la muerte del rico propietario

de tantas fincas rústicas y urbanas.
Fué grande el aparato funerario
preparado en su honor; ¡cuántas coronas,
qué de salmos y luces y personas!...
Se repartió la esquela,
una esquela hiperbólica
en la cual se apuntaba, que el casero
fué de Carlos III
é Isabel la Católica,
al par comendador y caballero.
Al pié de la cuartilla
figuraba, con letra bastardilla,
la siguiente inscripcion,
que resulta por cierto de cajon
y prueba la influencia
que ejerce la familia del finado:
"Nuestro Ilustre Prelado
concede treinta dias de indulgencia."
Llegó el papel un dia
á las manos de Rosa y Mariano,
y la esquela leyendo de corrido
así dijo el anciano,
comentando los últimos renglones:
—Negaba su indulgencia al desvalido
y le dan indulgencias á montones.

CUERNOS

—❖··❖—

¿Conocen ustedes á Leon Parafina?...

Deben conocerle, por que *él* está siempre por la calle de Sevilla, exclusivamente con el objeto de recrearse en los toreros más ó menos auténticos, que discurren por el expresado sitio.

Parafina tiene verdadera aficion por el arte del toreo, y por todo lo que se le asimila.

Al acostarse reza devotamente lo que sigue:

Con *Guerra* me acuesto,
con *Guerra* me levanto....

Y no miente el infeliz Parafina, por que su suegra le tiene declarada la *guerra* y le *busca el bulto*, que es un primor.

Pero es tal la monomania de Parafina, que cuando compra dulces ha de ser en el establecimiento titulado *El Cuerno de la abundancia*, cuando come de extraordinario han de servirle *caracoles*, (por que tienen cuernos) y cuando se asoma al balcon ha de saludar expresivamente á una vecina... por que *toma varas*.

¡Pues y cuándo Leon vuelve de una corrida! ¡Si no se le entiende ni jota! Como que en toda la tarde no ha cesado de gritar las palabras sacramentales:

—¡Tumbon! ¡Vaya usted al toro! ¡Señor presidente!.... ¡Caballoooos!....

Y, es claro, la suegra de Parafina, que tiene más intención que un toro, *coje* á su yerno en cuanto entra en el redondel, es decir, en la casa, y le dá dos ó tres *acosones*, llamandole sinvergüenza y *méndigo* inclusive.

Pero la esposa de Leon, que es más cariñosa, le *hisopea* la garganta á su marido con una disolucion de *palo del Brasil*, y luego le dá á comer queso de Villalon y judias rellenas, última palabra del progreso culinario.

No obstante estos percances, Parafina sigue enamorado de los cuernos y solo lee periódicos cuando publican una *buena lámina*, y vive en la calle de la *Montera*, por recordarle este nombre un detalle de indumentaria taurina, y jamás reniega de las pulgas por que *pican,* recargando á veces.

Para que vean ustedes hasta dónde llega la chifladura de Leon: hace pocos dias le dijo su muger á la criada:

—Toribia, ¿dónde ha puesto usted la *taleguilla* que hice esta mañana?

—¿Cómo, tú. .. una *taleguilla?...*—Preguntó Parafina en el colmo del entusiasmo.

—Sí, hombre; respondió la esposa. ¿Pues qué tiene de particular? He hecho una talega para que la chica tráiga el pan lo más aseado posible.

Excuso referir á ustedes la estupefacción en que cayó el pobre Parafina.

Pues, las otras noches estaba Leon hondamente preocupado, cuando vino á sacarle de aquella abstracción su suegra, D.ª Bibiana, la cual dijo á su yerno, en tono de do mayor.

—¿En qué piensas, estúpido?....

Y respondió Parafina humildemente:

—En que la estátua ecuestre de Espartero está colocada en el sitio que le corresponde: cerca de la plaza de toros.

—¿Y por qué le corresponde ese lugar?

—Por lo de *Espartero*.

Otra vez se puso muy mala D.ª Bibiana, hasta el punto de quitársele las ganas de insultar á la familia, prueba evidente de su malestar, y en el acto llamó Parafina á dos médicos. ¡Y qué predileccion supo inspirarle uno de los doctores, al decirle que se llamaba *Toro*!

Pero cuando el segundo de los médicos le manifestó que, á su vez, se apellidaba *Barrera*, llegó Parafina á sentir tanto entusiasmo que, desde lo íntimo de su alma, dió gracias al Altísimo por haber puesto tan en peligro la vida de su madre política; (de la madre política de Leon.)

Si alguna vez iba á la iglesia, habia de ser á una en que existiera la imagen de la *Verónica*; y si se hablaba de mariscos en cualquier reunion, decia que los langostinos le gustaban por que tienen *muchos piés*; total, que el hombre padecia una verdadera obsesion taurina y, poco á poco, iba perdiendo la razon y las carnes.

En fin, para no cansar más á ustedes: una vez llegó á decir que envidiaba á un *acredita-*

do mendigo, porque usaba *muleta* y, más adelante, al cojer la cartera de Estado un hermano
de leche de D.ª Bibiana, se le ocurrió á Parafina pedirle dos consulados, con el exclusivo
objeto de colocar *dos astas* en el balcon...

CANDIDÉZ

Es Cándida una muchacha
tan joven y tan inquieta,
tan alegre y vivaracha,
que todos le ponen tacha
y hasta la juzgan coqueta.

Una vez, Apolinar,
aprovechando un momento,
le dijo:—Te he de raptar.
Y ella hubo de contestar
negra de risa:—Consiento.

¿Y á dónde vamos á ir?...
—preguntó en tono distinto.
Y él dijo:— Vas á venir
con tu futuro, á vivir
á una posesion de Pinto.

23

Ya verás, Cándida mia,
qué inestimable tesoro
encierro yo en mi alqueria.
—¿Un tesoro?
              —De poesía,
"entre Pinto y Valdemoro."

Alumbra aquella alameda
un sol, que no hay campesino
que en Julio aguantarlo pueda;
¡pero está allí la arboleda
que es quitasol peregino!

¿Se tiene sed?... Pues al suelo:
¿quién no se siente feliz,
si puede beber *al pelo*
las aguas del arroyuelo,
por la boca... y la nariz!

¡Y aquél *cefirillo alado*
que dá besos á la flores!...
¡Y aquél bosque embalsamado
y enteramente poblado
por los *pardos* ruiseñores!...

Reposarás junto a mí
sobre alfombra de esmeralda.
Y Cándida dijo:—Sí;
pero saldremos de allí
con un cáustico en la espalda.

—Comeremos en sazon
las frutas que dá el estio:
que es dulce satisfaccion
cojer...
       —Una indigestion
de padre y muy señor mio.

—Cojeremos sin reparo
el fruto que vayas viendo
y te parezca más raro...
—Y nos harán un disparo
como sigamos cojiendo.

—Cobijados por la parra,
ahuyentaré tu tristeza
al compás de mi guitarra.
—Y si canta una chicharra...
¡vaya un dolor de cabeza!...

—Ascenderemos despues,
al monte de mi heredad,
y cuando en la cumbre estés...
—Si se me escurren los pies
me parto por la mitad.

Total, que la niña hermosa
despreciaba la poesia
de una manera horrorosa,
y consagraba á la prosa
su ferviente simpatia.

Y así dijo á Apolinar:
—No me agrada el horizonte
que me acabas de pintar,
y te debes apartar
del arroyuelo y del monte,

de la alfombra de verdura,
que me carga, por instinto,
y de la verde espesura
y del aire que murmura
en esa hacienda de Pinto.

Y dijo el novio:—*Alambica*
mucho esta chica ¡pardiez!
tratandola, no se explica
que sea *Cándida* esta chica,
pues le falta....candidéz.

Tiempo perdido

Detrás de una muchacha
de lindo talle,
iba un amigo mio
por cierta calle.

Diciendole requiebros
tan atrevidos,
que eran de los que hieren
castos oidos.

Como la hermosa niña
ni le hizo caso,
ni permitió siquiera
mudar de paso,

pues siguió por la calle
tranquilamente,

cual si oyera un requiebro
fino y decente,

el Tenorio se dijo:
"sin duda alguna,
la que vá aquí delante
debe ser una..."

Y siguió con sus frases
aquel Mañara,
y ella ni por asomo
volvió la cara.

Al doblar una esquina,
topó mi amigo
con otro que se llama
Javier Rodrigo,

y éste dijo al primero:
"¿vás de conquista?
no hay muchacha que abordes·
que se resista."

"Pues lo que es al presente-
dijo mi amigo-

de esa que vá delante
nada consigo.

Le he dicho varias cosas
y.... no hay tu tia;
me desaira esa buena
señora mia.”

“Es que á veces desairan
por pura treta“
“Ahora mira, Rodrigo“
”¡Si es la Cristeta!”

”¿Cómo, qué?—dijo el joven
de la conquista.
¿Acaso esa Cristeta
será modista?”

”Qué ha de ser: esa joven
almibarada
estuvo en mi hospedaje
como criada.

Y al hallarse la pobre
con buen palmito,

ha dejado la escoba,
     por el manguito."

"¡Con que era una criada!
     ¡Bien se ha portado!
¡Ni siquiera una frase
     me ha contestado!

¡Y he cruzado las calles
     haciendo el oso,
persiguiendo á ese *caso*
     tan sospechoso!

¿Por qué no ha dicho nada
     la tal Cristeta?..."
"Hombre... por que es más sorda
     que *Zaragüeta*."

. 24

HISTORIAS TRISTES

¡Mire usted que es fuerte cosa!
¡Prestar un hombre atencion,
por fuerza, á la relacion
de una historia lastimosa!..

¡Pero qué vamos á hacer!
Hay quien quiere desahogarse,
y no puede usté escaparse
y lo tiene que atender.

Es mejor verse entre jueces,
ó en manos de un escribano,
que encontrarse á Don Luciano,
el cual se casó tres veces,

y refiere que pasó
con las tres la pena negra,

y eso que la última suegra,
al mes de serlo, murió.

Pues D. Luciano, decia
una vez que por ahi
pudo aproximarse á mi:
—No hay suerte como la mia.

Voy á contarle mi historia,
la historia de mi pasion.
Yö dije "resignacion,
que así se gana la gloria."

—Realicé tres matrimonios
que hicieron mi dolo eterno:
yo sé ya lo que es infierno
¡si he tenido tres demonios!

Mi *primera* fué hechicera
antes de la bendicion,
luego fué.... mi perdicion:
no olvidaré á mi *primera*.

¡Y mi *segunda*! Profunda
simpatía le inspiré,

segun dijo, pero fué
otro chasco mi *segunda*.

¡Y mi *tercera*! Cualquiera
á mi *tercera* se arrima;
y sepa usted que es mi *prima*,
aunque nó prima tercera.

A usted, pues, cuya opinion
gran concepto me merece...
diga usted: ¿qué le parece
esta triste relacion?

—Hombre—exclamé--yo quisiera
decirle, si nó se enfada,
que es su historia... una charada,
con tanto *prima* y *tercera*.

LA MANGA DE RIEGO

Noriega es un inventor
que vale muchas pesetas;
¡ha inventado unas muletas!...
¡no he visto nada mejor!

Si probarlas se le antoja
á un cojo, aplaudo su antojo,
pues con ellas anda un cojo
tanto, que no hay quien le coja.

Ahora acaba de inventar
un aparato sencillo
para la caza del grillo:
¡este aparato es *la mar!*...

Con una trampa de alambre,
ha conseguido Noriega

prender al grillo que llega,
acosado por el hambre,

y toca en un picaporte
que forman dos alambrillos;
pero se escapan los grillos
que no llegan al resorte.

Esta trampa, desde luego
es de notable invencion;
pero ¡nada, en mi opinion,
como la manga de riego!

Esta manga que ha inventado
Noriega, vale un tesoro,
y la medalla de oro
va á concederle un jurado!

Un número ha construido
de mangas, fenomenal;
y llevan, puesto en metal,
de Noriega el apellido.

Lo cual ha dado ocasion
á que un baturro, muy burro,

demuestre que es un baturro
del mismísimo Aragon.

Llegó al establecimiento,
y con cachaza importuna
vió las mangas, una á una,
con mucho detenimiento.

Y en viéndolas dijo:—Adios;
yo vengo por cosa buena,
y esa manga no *mi* llena;
no la quiero ¡otra que Dios!..

Quiso el dueño preguntar,
al oir que no servia,
qué desperfecto tenia.
—Que no sirve *pa* regar.

—¿Que no sirve? ¿Quién lo niega?...
el industrial preguntó.
Y el baturro contestó:
—Ella lo dice: NO RIEGA.

FOTÓGRAFO Y MÁRTIR

Pasan muy malos ratos los pobrecitos fotógrafos.

Sudan á veces, hasta en el mes de Enero. ¡Sobre todo cuando entra en la galeria D.ª Pura Moflete, con sus dos niñas mayores y su chico Felipin.

Como que el niño no deja títere con cabeza y a lo mejor pasa el dedo por un cliché fresco, ó pide, á grandes gritos, pan y miel de la Alcarria.

D. Teobaldo Merluza, notable fotógrafo, le temblaba á D.ª Pura cada vez que la veia entrar con su familia en el gabinete.

—Dios guarde á usted, señor Merluza; decía ella al entrar, dándole golpecitos, con el abanico. Vengo á que me haga usted dos america-

nas; mis chicas tienen relaciones con dos te-
nientes del ejército de Cuba y quieren regalar-
les sus efigies.

—¿Y por eso desea usted que sean *america-*
nas, por lo de Cuba?...

—Exactamente. ¡Ah! se me olvidaba: á mi
Georgina es preciso que me la ponga usted
séria, por que en el último retrato que le hizo
tenia una risita de conejo....

—Está bien, señora.

—¡Ah! y le advierto que no ha de colocar
los retratos de mis hijas en la exposicion del
portal, por que en esas *exposiciones* se está
expuesta á muchas cosas.

—No lo olvidaré.

— ¿Por cual va usted á empezar?...

—Empezaremos por Georgina; voy á ponerle el lente....

—¿Cómo el lente? ¿Pues usted cree que mi
Georgina necesita gafas?...

—No, si es el objetivo de la máquina.

—Ah, ya.

Felipin, entretanto, había logrado introdu-
cirse en el laboratorio, haciendo añicos un ta-
rro de oxalato y una botella de aguardiente

25

que guardaba el retratista, para entretener sus ócios.

Colocada Georgina en postura académica, y cuando Merluza iba á destapar el lente, dijo la señora de Moflete al artista:

—Tenga usted cuidado con la expresión de la niña. Que salga clarita la cabeza.

—No hay cuidado, repuso el paciente fotó-grafo: *hará* muy simpática, por que tiene buen fondo.

—¿Quién, mi Georgina?... Un fondo excelen-te: ahí donde usted la vé es capez de saltarse los ojos por cualquiera.

—Sí, ya se conoce. Ea, chito.

Y mientras duró la exposicion, Georgina in-tentó acosar, con la punta de la lengua, á una mosca importuna que le cosquilleaba encima de la nariz.

Pero cuando Merluza purgó todas sus culpas, fué un dia en que se le presentó un diputado por Calasparra, D. Silvestre Baqueta.

—Servidor de usted; le dijo al retratista. De-seo que me haga usted un retrato de gran ta-maño para regalárselo á mis electores: soy di-putado.

Merluza se inclinó respetuosamente y luego preguntó al político:

—¿Qué actitud prefiere usted.?

— ¿Mi actitud política?...

—Quiero decir, la posicion que desea usted..

—Ah, me encantaría llegar á ministro.

—Bueno; ¿y para el retrato, qué postura le parece más conveniente?

—Yo creo que estaré muy bien, sentado y con unos papeles en la derecha.

—¡Ah, es usted ministerial!

—¿Por qué lo dice usted?...

—Por que como prefiere la derecha...

Otro dia llegó un torero al establecimiento fotográfico, y se empeñó en *salir* retratado en actitud de decir el brindis.

—Oigaste, señor *fotógrajo*: yo quiero que salga el salero de la presona y que debajo der retrato me ponga osté mi nombre, pa que la gente lo sepa. Me pone osté na má que el nombre de carté: *er Besugo*.

—Descuide usted, señor Besugo, se hará como lo desea.

—Vamoj á vé: ¿qué le parecen asté mis hechura?....

—De *buten*. Ea, ya está hecho el retrato.

—¿Tan pronto?... Ce me figura que no pué haber salío bien tan depriesa.

A los dos ó tres dias llegó el *Besugo* por sus retratos, y despues de examinarlos, detenidamente, se echó á reir como un idiota.

—Pero, home, ¿qué ma puesto osté en la tarjeta? Mi apodo es *Besugo* y nó *Merlusa*. ¡Ha confundio los pescaos!...

Y el torero, riendo nerviosamente, se apoyó en un cuadro, haciendo áñicos el cristal y dejando caer la inscripción típica que contenía y que, copiada á la letra, decía así:

"Payemant á l' avance."

GALLOS

¡Vaya una tiple! ¡Qué horror
cuando al público ofrecia
arreglitos de *Lucía*
é *infundios* del *Trovador!*

La *voce* de aquella vieja
era dura... cual la roca,
y se llevaba la boca
á la *mismísima* oreja.

Una vez cantó un bolero,
aún su recuerdo me espanta;
¡aquello no era garganta,
era aquello un *gallinero!*

¡Y el cuerpo de la cantante!...
No puede formarse idea:

era la tiple más fea
que yo he tenido delante.

En su escote se notaban,
por el arroz blanqueados,
pergaminos arrugados
sobre huesos que abultaban.

Y en su cabeza prendido,
y muy mal disimulado,
ayudaba a su peinado
el ramal de un añadido.

Tiple de tan *poco pelo*
no era fácil que pasara,
aunque lo mismo cantara
que un angelito del cielo.

Cuando al arte *se arrojó*,
cantando en torpe falsete,
su apellido, Clarinete,
por Clarinetti cambió.

Y al soñar con la corona
recargada de laureles,

fué y se puso en los carteles
eminente *prima donna*.

No halló en el sexo su escudo,
que el público le dió *un mate*
al verla como un tomate
largar un *ré* sobre-agudo.

Estrambótico recreo
viendola, el público hallaba,
y así, de contínuo estaba
concurrido el coliseo.

Juan de Vela, cuyo fallo
es, en música, importante,
detestaba á una cantante
si se le escapaba un gallo.

Y desde que esta cantó
y dejó un gallo escapar,
Vela empezó a regañar
y á la cazuela subió.

Al verle tan alejado,
entonces, de las lunetas,

con preguntas indiscretas
le tenian acosado.

—Oiga; le dijo un señor:
¿por qué se ha marchado, Vela?
—Por que el gallo.... en la cazuela
es donde sabe mejor.

¡AL BAILE!...

—¡Quién fuera al baile, mamá!
¡Dicen que es dulce placer,
y de fijo lo ha de ser
cuando *todo el mundo* vá!..

—Es infernal expansion
que á tu espíritu daria,
por un rato de alegria,
la eterna condenacion.

—Bueno, pues no me anonada
ese peligro.
        —¡Está bien!
—¿Tú no bailabas también?
¿Cómo no estás condenada?

—Muchacha, yo qué he de estar:
en aquel tiempo se hacia

26

un baile, mejor que *hoy dia*;
hoy no se sabe bailar.

¡Aquellas costumbres viejas!...
¡aquel baile tan decente!...
Hoy vés descaradamente
abrazarse á las parejas.

—¡Mamá, por Dios!..
           —Si lo sé,
si me lo han asegurado.
¡Mire usted que haber dejado
de bailarse el minué!

Haciendo pompa el vestido,
ligeramente doblabas
la rodilla, y saludabas
con el vestido cojido.

Y así, libre del mareo
que causa el vals impudente,
contestaban los de enfrente
a tu airoso cabeceo.

—¿Y hoy, mamá?...
           —Fuera osadía

ir exprofeso á pecar,
y así no debes soñar
con ir al baile, hija mia.

No sigas pensando en él,
pues dice el padre Vicente,
que en la sociedad presente
está metido Luzbel.

¿No fuera extraña locura,
á más de ser un pecado,
dejar que vaya abrazado
un *cualquiera* á tu cintura?...

Y si es algun atrevido
que tiene la lengua suelta,
¿no es fácil que en una vuelta
diga una frase en tu oido?

¿Frase de impura maldad,
frase por tí nunca oida,
que haga en tu pecho una herida
y ofenda tu castidad?...

Como eres tan inocente,
alguien te habrá convencido.

Vamos á ver: ¿á que ha sido
la coquetuela de enfrente?...

Acerté por carambola
¿no es así?
                —Bien, lo será;
pero una de dos, mamá:
ó vienes...... ó voy yo sola.

RECETARIO

Recorrió varias ciudades
un Esculapio, que ha muerto,
y trató con gran acierto
diversas enfermedades.

Y queriendo hacer favor
á la humanidad doliente,
dejó la nota siguiente
á su clientela el doctor:

"*Spleen:* este mal infiero
que lo padece el mortal
que no tiene vil metal:
lo cura pronto, el dinero"

"*Amor:* empieza en locura
mas no acaba como empieza;

mas si insiste, con certeza
el matrimonio lo cura."

"*Rudeza:* mala opinion,
si es crónica, me merece,
pero indicado parece
un *baño* de educacion."

"*Trancazo:* mal que se evita
huyendo *oportunamente*,
pero si llega al paciente
procure que no repita."

"*Hambre:* no hay enfermedad
que más mi atencion reclame.
Es lo justo, que se llame
mortal *de necesidad.*

Despáchese (pues con ella
no podeis vivir tranquilos)
De filete. . . . . 4 kilos.
De Jerez. . . . . 1 botella.

(Medicinas salvadoras
que exijen un plan asíduo.)
Agítese.... el individuo,
y *tómese....* á todas horas.

UNA SATISFACCION

¡Oh, el duelo!

Nada tan simpático, para el hombre de honor, como el duelo.

Que D. Modesto Salivilla le pisa á usted un callo; pues... al campo del honor.

Advierto que he nombrado, inconscientemente, á D. Modesto: es un hombre procaz, que tiene una salchichonería en Esparraguera y que pasa los inviernos en Madrid para gozar del frio... y para vender sus salchichones.

Pero á pesar de su industria, Salivilla es muy aseado, y cuando lleva muestras de su fabricacion les lava la grasa con jabon de los príncipes del Congo, á fin de que resulten aromáticos los salchichones.

Hay quien dice que Salivilla tiene muy mala educación, por que le suelta una fresca al lucero del alba; pero no es así: Don Modesto posee perfectas nociones de la urbanidad y únicamente se desmanda, cuando le dicen que emplea carne de caballo en sus embutidos.

Anteanoche celebraba D. Celestino Almidones su fiesta onomástica—que ahora se dice —y se hallaban en la reunion el salchichonero y un chico de Jumilla, que estudia para veterinario.

La ocasion era que ni pintada, para que Vito Cremallera, que asi se llamaba el joven de Jumilla, demostrara sus conocimientos en la anatomia del caballo.

La concurrencia estaba pendiente de los lábios de Cremallera, que hizo una asombrosa descripción del esqueleto del cuadrúpedo.

—Muy bien, amigo Vito; dijo la cónyuge de Almidones. Nos ha hablado usted de los huesos del caballo. pero no nos ha dicho nada de la carne.

—¡Ah, señora!; contestó con tono petulante el interpelado.—Y añadió:—La carne se queda para los fabricantes de salchichon.

—Óiga usted, so sinvergüenza; gritó Salivilla, en el colmo del furor. ¿Quién le ha dicho á usted que esa honradísima industria utiliza semejante carne?....

Excuso decir á ustedes la confusion que se movió en casa de Almidones. En vano trataron de calmar á D. Modesto, el cual pronunciaba las palabras más soeces que puede nadie figurarse.

En el curso de la oracion, Salivilla sacó un salchichon que tenia guardado en el bolsillo de pecho de la levita, y ofreciéndolo, con ademan arrogante, á la concurrencia, dijo así:

—Tomen ustedes, tomen ustedes este embutido y exámínenlo, para confundir á ese impostor. ¿Huele á caballo este salchichon, señores?....

Y los asistentes, por salir del compromiso, iban pasando de uno en uno el embutido por las narices.

—¿A qué huele, señorita de Pimenton?

Y la chica de Pimenton, con acento entrecortado dijo:

—A queso de bola.

—¡Usted sí que es una bola; repuso con la mayor soberbia Salivilla.

—¡Miente usted!—agregó un alferez de la

27

reserva, que estaba haciendo el amor á la de Pimenton.

—Me dará usted una satisfaccion, señor militar; dijo Salivilla blandiendo el salchichon en actitud amenazadora.

—Ahora mismo, zoquete.

—¿Zoquete á un natural de Esparraguera?...

En fin, que la situacion se empeoró lo que no es decible, y aquella misma noche quedaron concertados los dos desafios: uno con el aspirante á veterinario y otro con el alferez, que era hombre de malas pulgas.

Los convidados sintieron extraordinariamente estos percances, pero la mayoria los deploró no por las consecuencias que pudieran traer, sinó por que la confusion habia impedido que se consumieran los mojicones, peras de caramelo y otros manjares que la señora de Almidones habia preparado con gran contentamiento.

Y el duelo con el militar llevóse *á cabo*, es decir *á alferez*.

Y Salivilla. resultó con una herida en la frente, sobre la cual fué preciso colocarle un cabezal de cerato simple y unas hilas con aceite de bellotas, por que el cuero cabelludo se había interesado algo.

A los pocos dias se encontró Salivilla, en la calle, á un consumidor de sus salchichones, el cual le preguntó, refiriendose al vendaje que llevaba D. Modesto en la cabeza.

—¿Qué es eso?...

—Nada, que me han dado *una satisfaccion.*

—¿Si?—preguntó con sorna el amigo de Salivilla. ¡Pues entonces prefiero un pesar á *una satisfaccion* de esa clase...!

Y Salivilla se quedó corrido, dudando entre hacerse el sordo, ó entre meter mano al salchichon de muestra y castigar á aquel importuno.

EL GATO DE Dª. CLETA

Portador de una tarjeta
que cierto amigo me dió,
ví á D.ª Cleta Pizcueta
¡y al instante vuelvo yo
á casa de D.ª Cleta!

Quizás me llame tunante
alguien que no haya creido
lo de Pizcueta ¡adelante!
yo no invento un apellido
por buscar un consonante...

Pues D.ª Cleta, no habia
tenido conmigo trato,
y al ir á su casa un dia
ví darle besos á un gato
que en el regazo tenia.

—¡Señora, por compasion!...
dije dado á Lucifer.
Mire usted que esa pasion
no es digna de una muger
de sana imaginacion.

—Pues le quiero y no me explico
por qué lo extraña usté tanto.
Dime quién te adora ¡rico!
mi sol, mi cielo, mi encanto...
¡Y le besaba el hocico!

—Si el gato es una monada,
mire usted cómo se arrima
y le clava la mirada:
ya le tiene usted encima;
no tema usted, no hace nada.

Aún la conciencia me acusa,
pues no dí de *coscorrones*
al gato, sin otra excusa;
¡si dejó en mis pantalones
una arroba de pelusa!

No quise meter la pata
y me decidí á callar,

cuando la vieja insensata
me dijo:—Le voy á dar
una sardina de lata.

—Señora, dije; yo acato
esos impulsos amantes
y de ofenderla no trato:
pero ¡sardinas de Nantes
para regalar á un gato!

—A mi *Lindo*—respondió—
le cuido yo á maravilla
y desde que en casa entró,
ni sabe lo que es cordilla
ni mis desechos comió.

Por fin al gato pegué,
mas me puso *como un trapo*
Cleta diciendo:—¿Por qué
le ha pegado tal sopapo?...
—¡Por no pegárselo á usté!

REPERTORIO DE ÓPERA

Conozco á un chico que es bajo,
y que como bajo canta,
por que educó su garganta
á fuerza de gran trabajo.

En cuanto el hombre se vió
con algunas condiciones,
buscó recomendaciones
y en ópera se metió.

Para presentarse á escena,
ansiando ser aplaudido,
puso un *ini* á su apellido
y se dejó la melena.

Regresó, al año cabal,
de Alcañiz y Piedrahita

y vió á una joven que habita
en calle de Fuencarral.

Creyóse el bajo feliz
y pensó: ¡Cuánta ventura!
¿triunfaré de esta hermosura
como triunfé en Alcañiz?

Como que en *Hernani*, cuenta
que se dieron puñaladas
por adquirir las entradas
que quedaron á la venta.

Bueno: pues el tal Miguel,
(que el bajo se llama así)
mandó esta carta á su hurí
en dos pliegos de papel:

"Marta, te mando esta carta
que te descubre mi amor,
y no existe un *trovador*
que más te idolatre, *Marta*.

Aunque á poética forma
recurro, te hablo en verdad,

por que es la sinceridad
de mi conducta la *norma*.

Te ví en el balcón un dia
y me asombró tu figura:
¡no lucirá otra hermosura
como la tuya *lucia!*

Si eres conmigo inhumana
y tu desprecio me humilla,
sabe que nací en Melilla
y tengo sangre *africana*.

Pero si no eres cruel
y respondes á mi amor,
con *fausto* y con explendor
te hará su esposa,
                    Miguel.

Al escribir, es notorio
que el bajo incluyó en su carta
de declaracion á Marta,
las obras del repertorio.

Diccionario Cómico

A.

ABUELA.—-En la parentela
ocupa un *alto* lugar;
hay quien la tiene en su hogar,
pero hay *quien nó tiene abuela*.

AMERICANA.—Chaqueta
ó, mejor, *prenda influyente*
que se *empeña* fácilmente
y nos busca una peseta.

B.

BASTON.—Asusta en verdad
si es un papá quien lo esgrime.

Llevando borlas, imprime
caracter de autoridad.

El de alcalde ¡cosa rara
y que á mi ver no se explica!
no tiene nada de *pica*
y se denomina *vara*.

BRILLANTE.—Piedra incitante
que ha perdido á mucha gente;
¡cuánta muchacha decente
busca un porvenir *brillante!*

C.

CASERO. —Sér especial
que, con un móvil mezquino,
fríe la sangre al inquilino
por ver si suelta metal.

D.

DURO.— Lo juzgo un encanto
por ser literario emblema: (¡!)
un duro es todo un *poema*;
¡con *un canto!*... ¡vaya *un canto!*

E.

EVA.—Iman de los galanes
que amando pasan las horas.
Por cien Evas pecadoras
hallas doscientos *adanes*.

G.

GACETILLERO.—Ya es harto
conocido, por *metista:*
al ver á tal periodista
hay quien murmura: «lagarto.»

H.

HARPÍA.—Mónstruo del abismo:
segun la mitologia,
no hay nada como la harpía.
(*Véase* SUEGRA, *que es lo mismo*)

I.

INGLÉS.—Sastre ó zapatero
que nos vienen á cobrar.

Desde *lo* de Gibraltar
no vé un inglés mi dinero.

LAUREL.—Su precio ha bajado,
ya no es móvil de conquista;
que el siglo positivista
lo utiliza... en el guisado.

M.

MONTE.—Su olor á tomillo
dá á la salud gran ventaja.
Cuando es *monte*... de baraja,
mata el pulmon... y el bolsillo.

O.

OSO.—El amante extremoso
guarda-canton con gabina,
siempre arrimado á la esquina...
¡Señores, quién no ha hecho el oso!

P.

POETA.—Tonto idealismo
se refleja en sus canciones,

y se nutre de ilusiones,
ó del aire, que es lo mismo.

R.

RAPTO.—Yo le llamaria
antesala de himeneo,
por que el rapto es un paseo
que acaba en la vicaría.

S.

SABLAZO.—¿Quién lo rechaza
si viene bien dirijido?...
¿Habrá que salir *vestido*,
cuando menos, con coraza?

EL PITO METÁLICO

La hidra poética háse desarrollado, en estos últimos tiempos, en una medida que inspira sérios temores.

A lo mejor se encuentra uno con un oficial quinto de administración que copia minutas sin fasilla, y que le endilga un *soneto* de doce versos al gefe de su negociado, para felicitarle por la páscua.

Estos tipos son útiles, hasta la pared de enfrente, en una oficina pública, y quizás por eso los paga el Estado.

Policarpo Gazpachuelo es un joven andaluz, natural de Córdoba, que anduvo por Madrid ocho meses sin colocacion, y que se comia las letras finales, á falta de otro alimento.

Verdad que todos los andaluces nos atraca-

mos de letras, por lo menos cuando hablamos,
y decimos, sin importarnos ni pizca:

—Señora: ¿cómo cigue usté de los cayo?...
¡Estoy máj negro que la pé!...

O cosa por el estilo: el caso es que hablamos como Gazpachuelo.

Pues bien, el joven Policarpo, desengañado
de la córte y renegando de las empresas edi-
toriales, que le habían dado con la badila en
los nudillos, regresó á la tierra del Califa... tau-
rómaco, y se dedicó á cantar de casa en casa.

¡Y qué versos escribía *el tal*, reflejando la
infinita amargura de su alma y su falta de ropa exterior!

Como que en una de sus odas decía:

"Nadie me tiende protectora mano
y cruzo *sin abrigo*
la senda miserable de esta vida."

¡Ah! Hay que advertir que Gazpachuelo era
liberal y escribía, casi siempre, en verso libre.

Algunas muchachas *deliraban* por el poeta
y siempre estaban haciendole guiños, más ó menos significativos y enviandole álbumes y aba-
nicos japoneses.

Gazpachuelo despachaba todos estos encargos con la mayor prontitud, y en los versos que componia, para satisfacer las exigencias de sus admiradoras, daba rienda suelta á su poético númen.

A pesar de todos estos favores, la situacion de Policarpo no podia ser más precaria. Los versos no eran bastantes á contener sus frecuentes vahidos, y su tristeza solo ofrecía contraste con las botas que calzaba, pues ambas *se reían*, segun el dicho vulgar.

Para remediarse concibió la idea de fundar un periódico semanal, con monos, y la primera dificultad que se le ofreció fué el titulo.

—Vamos á ver: le preguntaba Gazpachuelo á una joven morena, que se llamaba Consolacion. ¿Qué título cree usted que debo poner á mi semanario.?

—Mire usted, *El desengaño*, seria muy apropósito.

—No me digusta, pero ¿no le parece a usted mejor *El pito metálico?*

—Como usted guste: siempre que publique versos *amoratorios* y saltos de caballo....

—¡Ya lo creo!

Entretanto, no había reunion de confianza, á

29

la cual no fuese préviamente invitado el joven Policarpo.

Y en cuanto se cantaban las peteneras y decía alguna barbaridad el dueño de la casa, le tocaba el turno á Gazpachuelo. Este, introducia la mano en el bolsillo de pecho de su chaqueta y sacaba unas cuartillas.

Enseguida tosia, como si tuviera clavada alguna espina en la laringe; miraba luego tristemente á Consolacion y empezaba á leer sus versos.

Ustedes no lo creerán, pero Policarpo metía en un puño á sus oyentes, sobre todo cuando concluía diciendo:

"En derredor de mí la muerte zumba,
y es mi constante anhelo,
más que volar á la region del cielo
vivir contigo en tu modesta tumba"

Un aplauso prolongado premiaba siempre la inspiracion del vate y, enseguida, el dueño de la casa decía otra barbaridad y las muchachas volvian á dar la lata con sus cantos de la tierra.

Por fin venció Policarpo todas las dificultades y hasta tuvo la suerte de que le colocára un tio de Consolacion, que como ustedes habrán comprendido, amaba en secreto á Gazpachuelo. (Consolacion ¿eh?..)

Entonces el poeta pudo dar á luz su interesante periódico *El pito metálico*, revista de salones y órgano, (con un solo pito) del gremio de bardos desgraciados.

Pólicarpo dió sus originales á la imprenta y encargó su retrato á un artista, que pintaba al temple con mucha habilidad.

—Quiero que al frente del periódico vaya mi efigie; dijo en la imprenta y encargó á los cajistas que debajo del cliché colocaran la siguiente inscripcion: "Policarpo Gazpachuelo, poeta sensible "

Pero los cajistas, que eran unos *guasones*, como todos los de la clase, hicieron que apareciera el retrato con el rótulo invertido, ó sea en la siguiente forma:

"Policarpo Sensible
poeta Gazpachuelo"

Excuso reseñar á ustedes el berrenchin que *cojió* el pobre vate cordobés.

LA CAMPANILLA

—Te voy, amigo Gaspar,
       á contar,
lo que en el *meeting* pasó.
—Pues, hombre, ¿qué sucedió
en ese *mitin*?
               ¡La mar!

Sabes cómo habla Ginés
       del burgués;
no ignoras cómo le trata:
si pilla á un burgués, lo mata....
—Y se lo come despues.

—Pues Ginés, que es el prohombre
       cuyo nombre
será en el partido eterno,
hablaba mal del gobierno
cuando "¡chiton!" dijo un hombre.

Todos volvimos la faz,
    de *verdaz*,
pensando que era un pelele;
mas ¿sabes quién era?... el delegado de la *autoridaz*;

que dijo alzando el baston:
    ¡atencion!
yo debo cortar el curso
de ese imprudente discurso:
se levanta la *seccion*.

¡Entonces se armó un jaleo!..
    —¡Ya lo creo!
—El delegado gritaba,
pero Ginés le mandaba
furiosamente... *á paseo*.

Apareció un ministril
    ó alguacil,
y luego dos alguaciles
y cuatro guardias civiles.....
¡y allí rodó hasta el candil.

Luego, encendieron un mixto
    ¡vive Cristo!

los que en noche tan amarga
se escaparon de la carga,
y te diré lo que han visto.

Como Ginés se enfurece,
    pues se crece
de manera extraordinaria
si le llevan la contraria,
y la cosa lo merece;

y bulle como la ardilla
    y hasta chilla
causando gran alboroto,
¿que vás á pensar que ha roto?....
¡ha roto su campanilla!....

—¿Eso es cierto? ¡Virgen Santa!
    —¿Qué, te espanta?...
—Bien, que con tanto chillar
no me ha debido extrañar
que se rompa la garganta.

—¡La garganta!.... ¡Qué inocente!
    ten presente
que no es tan debil ni tan ....
¡si lo que ha roto es la campanilla de presidente!...

DEL ALMANAQUE

En la calle de Serrano,
sin que otra seña recuerde,
vive D.ª *Sol* Valverde
con Roque *Luna*, su hermano.

Y en el cuarto principal
vive Pascual de Ortigosa
con una muger curiosa,
que es la esposa de Pascual.

La tal esposa es de Lillo,
y padece la manía
de pasarse todo el dia
fisgando en el ventanillo.

Sin que haya causa ninguna,
la de Lillo se ha propuesto

descubrir desde su puesto
lo que hacen la *Sol* y el *Luna;*

hermanos, como ya he dicho,
que viven honestamente,
y de quienes solamente
se murmura por capricho.

La cónyuge de Pascual
critica solo un detalle:
que siempre están en la calle,
y esto le parece mal.

Al ir del vecino en pos
¿qué saca en claro despues?
que Luna sale á las tres,
y que Sol sale á las dos.

Que la criada de Ugarte
y el asistente de Viera
se encuentran en la escalera...
y chocan *Venus* y *Marte.*

Que un capitan de civiles
enamora á la muger

de D. Paco de Alcocer,
sin reparar en *perfiles*;

consiguiendo el del tricornio,
que se convierta D. Paco
en signo del zodiaco,
es decir en *Capricornio.*

Que Estrella de Bustamante,
la que habita en el tercero,
se las dá de honrada, pero....
parece una *Estrella... errante*

Que Bruno, el del principal,
que es de su familia afrenta,
siempre lleva una *tormenta*,
ó borrachera, es igual,

y en su casa se propasa,
pues sus instintos son malos,
y hay una *lluvia*... de palos,
que hace temblar á la casa.

. . . .

Y ahora me dirá el lector:
la señora de Pascual

30

es seguro que hace mal,
pero usted hace peor

con esos versos que inventa,
sin tener gracia ninguna,
hablando de *Sol* y *Luna*,
de *Capricornio* y *tormenta*,

de *lluvia*, *Venus* y *Marte*.
¡A usted le falta un tornillo!
¡Váyase usted, autorcillo,
con la música á otra parte!

Entonces, á fuer de *urbano*
diré al lector: "Si hice mal
todo lo copié del *Al-
manaque Zaragozano*.

MÚSICO-MANÍA

La desmedida aficion
por una cosa, es frecuente
que proporcione á la mente
horrible perturbacion.

Lo he tocado, lo confieso:
yo tuve una temporada
en que me dió la tontada
de *morirme* por el queso.

Y ya el vértigo sentía
y no sé cómo escapé:
¡por milagro me curé
de aquella *queso-manía!*

Hé dicho lo que antecede
por probar que el más pintado

puede volverse chiflado;
¡pues ya lo creo que puede!

A un músico conocí
que casi perdió el sentido,
y á pesar del mucho cuido
no pudo volver *en sí*.

Cuando á un amigo encontraba
¡cuántas cosas le decía!
Al tropezarle no había
salvacion, no se escapaba.

"¡La música es mi ideal—
hablaba fuera de tino—
¿dice que sí? pues opino
que ese no es *sí natural*.

Lo ha dicho usté... á la ligera:
estúdie el *punto* despacio,
voy á concederle *espacio*,
es decir *compás de espera*.

Y *esperò* que se desborde
su clara imaginacion,

y que me dé una razon
con mi sentimiento *acorde.*"

El oyente no ha entendido
y se defiende, callando.
—Hombre, ya me va cargando
su caracter *sostenido.*

Explane pronto su idea
y no se reserve tanto:
el *silencio* que le aguanto
es *silencio... de corchea.*

—Bien, pues entonces diré
que el músico es soberano.
—¡Si por eso en italiano
al rey se le llama *ré!*

¡Si las humanas criaturas
deben al músico honrar!
¡Si hasta podemos dejar
todo el universo á oscuras!

Por que el sol es un farol,
que no muere, aunque se pone,

por que el músico dispone
de la *llave* de ese *sol.*

La música, caro amigo,
le pone á *ustedes* las botas;
¡vaya usted tomando *notas*
de todo lo que le digo!

Y oiga al fin de mi oracion
un dato de los mejores:
de los clásicos autores
fué la gloria un *Calderon.*

Total: que el músico estaba,
como veis, loco de atar
y que comenzando á hablar
de seguro desbarraba:

y que el pobre que le oía
se insultaba á lo mejor;
y.... que perdone el lector
esta *músico-manía.*

LOS BOMBOS.

La aficion á esta clase de satisfacciones, está á la órden del dia.

El *bombo* es un artículo de primera necesidad, como quien dice: hay joven que sale á pedir permiso al presidente, para que le permita banderillear á un quinto toro, con el fin de que *El Tio Jindama* dé el nombre y apellido del bárbaro *amateur*.

Verdad que estasaudacias no son frecuentes más que en los tendidos del sol, sitio á que concurren los *morenos* que se *destiñen* por clavar un rehilete.

El deseo de bombo arrastra á las mayores ridiculeces.

A lo mejor asiste cualquier revistero, de esos que tienen visos de modistos, á un baile de trajes que han preparado las de Guarroverde, y los concurrentes rodean misteriosamente al periodista, con el fin de hacerle estas ó parecidas indicaciones:

—Espero no se olvidará usted de consignar en su periódico, *El queso de bola*, que yo vengo vestido con un rico trage de crinolina.

—Hombre, pregunta el revistero: ¿y qué clase de animal es la crinolina?...

—Una tela barata, pero de gran efecto.

Enseguida el chico de la prensa saca un block y hace las prudentes anotaciones.

—¡Caballero!.... dice una señora de muchas libras, dando un abanicazo al redactor de *El queso*. No olvide usted el trage de mi niña.

—Ya lo he apuntado.

Y repasa la libreta, leyendo en alta voz:

—D. Roque Damajuana, de gendarme viudo; D.ª Loreto Sorbete, de batelera rusa; Susana Tapete....

—Topete, señor redactor.

—Es lo mismo, señora.

—¡Qué ha de ser; pues vaya!

—¿Ve usted? Tengo apuntados cuantos detalles me facilitó usted á prima noche: falda de raso melífluo, con betas de algodon crudo;

encajes de Chantilly color de panecillo tostado y *pufs* de color de rosa bajo.

¡Como si hubiera un rosa tenor!...

En fin, los invitados apuran la paciencia del redactor, hasta ponerle en el caso de marcharse del salon, antes de la hora del buffet.

¡Pues y cuándo toma estado algun joven inocente!

—Tilin.... tilin... tin. ¿Está el señor Frentealegre?..

—Adelante.

—Usted me dispensará. Venia con esta tarjeta de su amigo Juanetes, para ver si quería usted hacerme un suelto en su periódico.

—Usted dirá.

—Ante todo voy á entregarle una nota de los testigos y de los padrinos.

—¡Ah, un duelo!.. Dice el redactor, entrando en cuidado.

—No señor; responde el visitante. Es que me casé ayer tarde y aún no han dicho nada los periódicos. La novia se llama...

—Bien, bien, ya me lo dirá usted otro dia.

—Pero es que como estoy en la luna de miel, quisiera que saliese ahora...

31

—¿El qué, la luna?

—No señor, el suelto hablando de mi boda.

—Las obras de caridad tambien sirven de motivo para el *bombo*.

Por lo cual es frecuente leer en los periódicos este ó parecido suelto:

"Con motivo de ser ayer el primer aniversario de la muerte de la señora D.ª Prudencia Troncosano, su cariñoso yerno, nuestro particular amigo D. Lorenzo Judias, ha tenido la amabilidad, que le agradecemos, de remitirnos seis papeletas equivalentes á un panecillo cada una.

La redaccion de *La tortuga literaria* agradece al Sr. Judias el envio de dichas papeletas, que han quedado distribuidas entre verdaderos necesitados.»

Y el tal Judias, satisfecho por el bombo, dice para sus adentros:

—¡De algo bueno había de servirme la pícara de mi suegra!

¡Vaya un tinte!

Gedeon es un tipo,
　que está chiflado,
segun dice la gente
　que le ha tratado.

Y aunque cuenta mil cosas
　la misma gente,
ninguna es tan notable
　cual la siguiente:

Al mirarse al espejo,
　hay tres semanas,
encontróse el bigote
　lleno de canas;

y al recordar que ha poco
　no las tenia,

le acometió una extraña
    melancolia,

y se puso su rostro
    pálido-mate,
y aborreció el cocido
    y el chocolate.

No le alegraba el eco
    de sus canarios,
y daba unos suspiros
    extraordinarios.

. En fin, que estaba fuera
    de sus casillas
¡y andaba por el cuarto
    sin zapatillas!

Gedeon está á cargo
    de una criada,
que tambien me parece
    medio chiflada.

Se llama esta sirvienta
    la Saturnina,

y tiene los cabellos
como la endrina.

Pero no es el adorno
de esa cabeza,
obsequio de la madre
Naturaleza.

Es que la tal criada
coje un puchero
y lo suspende encima
de un candelero,

en el cual, encendida,
se halla la vela,
y el humo que es remate
de la candela,

dá en el fondo convexo
del recipiente
y lo deja tiznado
perfectamente.

Y esta tizne aprovecha
la Saturnina

y se pone el cabello
como la endrina.

Gedeon, que una tarde
reparó en ello,
preguntó: „¿tienes tinte
para el cabello?"

Y dijo la criada:
"¡qué tonteria!..."
¡si este tinte es el humo
de una bujía!

Gedeon, con las ánsias
de la victoria,
encendió prontamente
la palmatoria,

acercandose al humo
(¡por que es un zote!)
y quedando sin canas...
¡y sin bigote!

JUICIO VERBAL

Demanda.—Lucio Corral
solicita del juzgado
cite á Encarnacion Tirado,
para que en juicio verbal

le abone catorce reales,
como resto de un manton
que le vendió á Encarnacion
hace dos años cabales.

Acta.—En la villa expresada
y en presencia del señor
juez, comparece el actor
y tambien la demandada.

El actor, segun su cuenta,
dedujo reclamacion,

pidiendo á la Encarnación
las tres pesetas cincuenta.   .

Contestó la demandada:
que la demanda le admira,
pues lo que dice es mentira,
por que ella no debe nada.

Que le pagó de una vez
á Corral, no sabe el dia,
(y Encarnacion sonreía
timándose con el juez)

Que está el actor satisfecho,
y, al proceder de ese modo,
ella está dispuesta *á todo;*
(guiñando el ojo derecho)

Que cumplió como Dios manda
pagando lo que debía,
y ruega á su señoría
la absuelva de la demanda.

La prueba testifical
fué recibida despues,

y comparecieron tres
amigotes de Corral.

Los cuales dieron gran luz,
por que los tres declararon,
y préviamente juraron
haciendole al juez la cruz.

Dió fin la comparecencia
y se interrumpió el asunto,
quedandose en este punto
á falta de la sentencia.

A los dos dias, volvió
Lucio Corral al juzgado.
—Diga usted: ¿se ha sentenciado
ya mi pleito?—preguntó.

Y respondió un alguacil
que es más déspota que el rey:
—No me lo impone la Ley
de Enjuiciamiento Civil,

pero *al paño* le diré
que la cosa está resuelta,

32

y la demandada, absuelta,
y las costas..... *son de usté*.

Corral exclamó:—¡Dios mio!...
Y pegó un salto tan alto,
que jamás he visto un salto
como el que pegó aquel *tio*.

—¡Maldigo mi suerte perra!...
(Añadió lleno de ira.)
¡Si esto parece mentira!...
¡Si no hay justicia en la tierra!...

— Bah, se queja usté de vicio.
—¿De vicio?... ¡Pobre de mí!...
—Con una mujer así...
no hay más que *perder el juicio*.

FÉ DE ERRATAS

Por si algun crítico intenta
criticarme despiadado,
le ruego ponga cuidado
en las erratas... de imprenta.

De que hay varias, le respondo,
pero que me haga el favor
de no extremar su rigor,
de no revolver el fondo,

y se muestre compasivo
pues yo con él lo sería; (¡!)
y que *de todo se ría...*
por que es mi *todo* festivo.

¡Ay si me *mete la pata*
un crítico, aun siendo justo!...

¡Señores, le tengo susto
á que se escape una errata.

¿Y quiere saber algun
crítico, lector ó amigo
las erratas que yo digo?...
Las de sentido comun.

Esas erratas, reflejo
de imaginacion vulgar,
todos las podreis hallar
en este pobre librejo.

Las de imprenta... ¿quién se para
en criticar á un autor,
al tropezar un error
que el buen sentido repara?

De *eso* nacen mis porfías;
por que es justo que yo sienta,
no las erratas de imprenta,
si nó las otras.., las mias.

Pero es lo que yo me digo
para infundirme valor:
"hombre, ten fé en el lector...
que será amable contigo."

ÍNDICE

FIN.

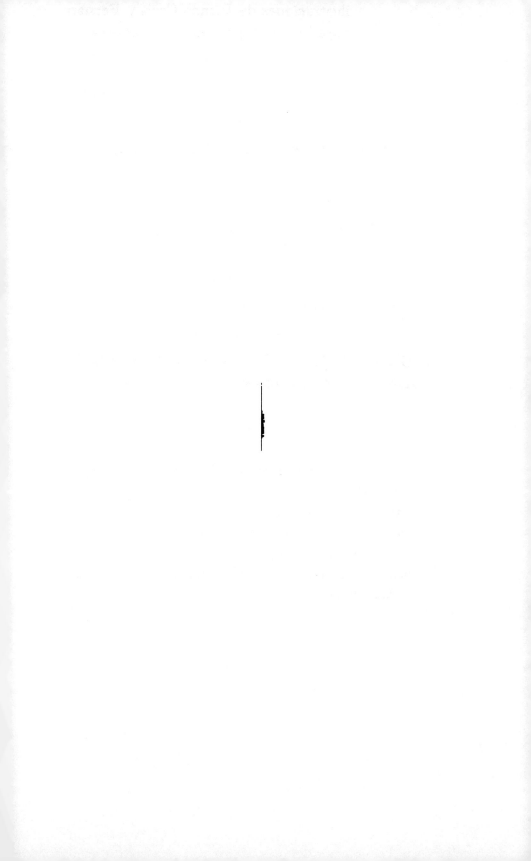

ilustraciones de Blanco Coris y Fernan
varado.—Fotograbados de Laporta.

ÁNGELES Y DEMONIOS.—Ensayo de novel

MULTICOLORES.—Artículos literarios, con u
ada de Fernandez Alvarado. .

PIEDRAS FALSAS.—Artículos literarios, co
ortada, al cromo, de Fernandez Alvarado.

BIOGRAFÍAS.—De escritores de Madrid y prov

GUIA DE MÁLAGA.—Con un plano de la c
istas de calles céntricas y de monumentos.

Teatrales:

LA RECONQUISTA DE MALAGA; d. o. v. 3 actos. (En
acion con Narciso Diaz de Escovar.)

LAS CAROLINAS; j. c. o. v. I acto.

LA FAENERA; monólogo para actriz.

¡COQUETA!; monólogo para actriz.

BLANCO Y NEGRO; j. c. o. p. I acto. (En colabora
"stin Ponce.)

Lightning Source UK Ltd.
Milton Keynes UK
UKHW041524250219
337978UK00014B/1968/P